自死遺族として生きる

悲しみの日々の証言

若林一美
Wakabayashi Kazumi

青弓社

自死遺族として生きる――悲しみの日々の証言

目次

装丁——神田昇和

はじめに

おお、血と傷にまみれ
苦痛と嘲りにみちた御頭よ
おお、愚弄のため
いばらの冠を結ばれた御頭よ
おお、つねならば
至上の誉れと飾りで美しく飾られた御頭よ
それが今、侮辱にさらされている
あなたにこそ　私の挨拶をおくります

気高い御頭よ
つねならば
世の権威も恐れ逃げる御頭よ
あなたはかくも唾され

かくも青ざめている
その目の光
世に比べるもののない目の光を
誰がこれほどに傷つけたのですか

「マタイ受難曲」第五十四曲 コラール(作曲:ヨハン・ゼバスティアン・バッハ)

自死は、「物語」の終章にはなりえない

自死は、実行した人にとってはある結論を出すにあたり考えうるなかでの唯一の選択肢だったのかもしれない。しかしながらその死によって終結するものはごくわずかで、実際には死から始まっていくことのほうがはるかに大きい。のこされた人は、深い悲しみと終わりがない問いの前に立たされてしまう。死が及ぼす影響は、そこから始まる新しい現実、世代を超えて伝わっていく影響など、当事者の意図とは別のものを残していく。とくにその死が自死の場合、その人と関わりがあった周辺の人たちの人生に多大な変化を生じさせていく。その意味では「死」は、始まりのときである。

自死遺族のことを、英語では“survivor victim”と呼ぶことがある。

その悲しみの深さと複雑さから、「遺族(survivor)」という呼び方では不十分であり、あえて被害者という要素を付け加えている。そして自死によって生じる悲しみそのものも「悲嘆(grief)」というだけではなく、「黙される悲嘆(silent grief)」と表現することがある。

悲しみは多様であり、そこに影を落とすのは死亡原因の違いばかりではなく、故人と遺族との関係によって、その強弱にも違いが出てくる。とはいえ、悲嘆の研究のなかでは、受け入れることの困難さの度合いなどから、逆縁といわれる子どもの死や自死による死別は立ち直ることが最も困難な"high grief"と呼ばれている。

本書は、胸底の奥深くにしまい込まれ、表層に表れにくい、表現することがためらわれる深い悲しみとともに生きる人たちの軌跡を、その証言を中心にまとめるものである。

死別による悲しみは、個人の生き方を根底から覆してしまうような体験だが、本書では、社会のなかにある偏見や差別を感じながらも、遺族がどのように「今日」を生き、死別という不条理を抱えながら、「生」を紡いでいるのか——ということに焦点を当てている。

これは、いま、このとき、その悲しみとともに日々を送っている自死遺族の証言の記録である。

二〇二〇年という年は、思いもよらなかった新型コロナウイルスの拡大を受けて、日本社会ばかりか世界的にも日常生活の変更を余儀なくされた。年を越えてもなお終息への道のりがみえない状況である。新型コロナウイルスの影響か、関連性は明らかではないものの、これまでに比べてSNS（会員制交流サイト）などソーシャルメディアで自殺を誘う書き込みが増えているという。また夏以降、若いタレントの自死報道が続いたこともあり、自死という死のありようが自分と無関係な時空で生じるものではないという事実に衝撃を受けた人も多いように思われる。

こういったニュースが流れるたびに、自死遺族たちからは「あの瞬間に引き戻される」と、心のざわつきと再燃した悲しみに押しつぶされそうだという胸の内を明かされる。

二〇二〇年七月に亡くなった有名タレントの死は、本人が知る由もないことではあるが、その周辺の人だけにはとどまらない波紋を広げている。

毎週放映されるテレビ番組の司会やドラマ出演など順風満帆に思えていた若者の死は、彼のタレントとしてのイメージとかけ離れているように受け止められ、死の直後から様々な憶測が流れた。三十歳の誕生日を迎えて間もない死であった。

息子の自死から二十五年以上を経た一人の母は、このニュースに衝撃を受けた。その日からの日々は息子が亡くなった当時に戻ってしまったようだ、とも語っている。

彼が出演する夜の番組が好きで、毎週欠かさず見ていた。事件のあとでオンエアされた番組内で、すでに収録していた回は予定どおりに放送することが伝えられた。彼女は、事前に収録されて彼の死後放送された番組を食い入るように見たという。

死から巻き戻していく生前の彼の姿。胸中に、すでに死の影がちらついていたのかもしれない直前の時間の記録。死という結果からさかのぼることで、彼が過ごした時間のなかにある未来に約束された「死」の痕跡のようなものを見つけたいと思った。

タレントという仕事上の表情であることはわかっている。でもひょっとすると、表情やまなざしなど、ふとした瞬間から何かを見つけられるような気がした。わが子の自死を体験した自分であれば、「何か」が見いだせるのではないか。爽やかな笑顔、もう一人の司会役の女性との息が合ったやりとりなど、死に至る直前の彼の映像になんらかのサインを見いだすことはできないのか、死を決意した人には変化があるものなのか、その母は必死に探していた。

もしわかったからといってそのタレントの時間も、そして先に逝った自らの息子のいのちも取り戻せない。そう頭ではわかっているのに。自分の時間もまた、息子の死の直後に巻き戻されていった。そのときに繰り返した自問自答が、二十五年たって再び頭のなかを回り始めた。

「でも、何もわかりませんでした。サインも死の予兆も私には何もわからなかった」

自死をめぐる独断と偏見の前で

この母が、なぜそのタレントの死にこだわったのか。その話を聞いたとき、息子の死の直後に投げかけられた医師の言葉が、いまだに彼女の心に残っているのではないかと感じた。彼女の記憶の表層にも上がっていなかったこと、奥深くに刻まれていた心の傷のようなものまでが浮上してきたのではないか、と。

彼女は息子の死の直後、テレビなどにもよく出演している著名な精神科医のもとを訪ねている。当時は、なぜ息子が死を選んだのか、その理由を必死に求めていた時期だった。母の用件を聞き、持参した息子が描きためた画集の作品をひと目見るなり、その医師はすぐに診断を下し、母にこう伝えた。

「お母さん、この作品にはすでに、「死の兆候」が現れていますよ。この時点で気がついてあげていればよかったですね」

自分がサインを見逃していたのだ。気がついてさえいれば、救えたかもしれないいのちだったのか。

息子の死後に訪れた専門家の意見のために、その後数年間、彼女の苦しみは増していた。彼女が今回のタレントの死に動揺し苦しむ姿に、当時の彼女のつらさや無念さが重なって見えた。ふとしたきっかけで再燃するトラウマのようなものを、常に胸底に抱えているということなのだろう。

専門家の絵画分析の見立ては正しかったのだろう。彼女の問いに対する答えでもあるのだろうが、その専門家の言葉は、わが子の自死の現実を生きている親にとっては、慰めとは程遠いものだった。自死遺族として相談にきた心情には配慮されなかったのだろうか。

自死遺族には、世間から好奇や恐怖の対象であるかのような視線が向けられたり、偏見に満ちた言葉が不用意に投げかけられたりもする。そのことで二重に傷つき、言い返すすべもたない無念さに、亡き子が冒瀆されるようで、自死の事実を言えないという人が多いように思う。

ほかの原因で亡くなった場合に比べ、死亡原因だけではなく、死んだという事実さえも家族数人だけの胸に秘めて過ごしている人の割合も高いように私は感じている。そして、家族のつらさには、亡くなった子が築いてきた人生をどれほど愛し、大切な存在だったのかを語れない苦しさも加わる。

死亡原因が自死というだけで、その人が生きてきた全行程が否定されてしまうような理不尽な言葉や無遠慮な視線が投げかけられたりする。

死を選択する理由は様々であり、生きることを困難にする要因を取り除くための努力は必要なこととは思う。本書は、愛する人の衝撃的な死を体験した人が、慟哭のなかからどのように「生」を紡いできたのか、直後の思い、十年、二十年、三十年という歳月がどのように作用しているのか、遺族会を接点にしたなかで、三十年近くに折り重なった遺族たちの率直な思いで構成される。仮名、匿名にするか否かはあまり大きな意味をもっていない。自らの気持ちや思いは、そこに向き合ったときのまま、いまこの瞬間もその人のものだからである。語ることが容易ではない自死遺族の思いの一端が、できるだけその人の思いのまま届くことを願っている。

本書は遺族たちの告白録——confession である。

わが子の自死と「ちいさな風の会」

本書のベースにある「ちいさな風の会」（一九八八年設立。子どもを亡くした親の会）は、自死遺族だけを対象にした遺族会ではない。

遺族たちにとって、「立ち直る」「寄り添う」という言葉は、自分たちの心情とかけ離れた印象をもって受け止められることが多いのだが、本書ではこの会の活動を通して生まれた遺族同士の交流を基盤とする「生きることを受け入れる」力の発見や、人と人が心を寄せ合い、共感し合うなかで生じる、新しい「いのち」へのまなざしなどについて触れていく。

愛する人を失ったその直後の苦しみは、時間の経過によって変化していくのか。

当事者の日記や主治医のもとにある個人のカルテなどをひもとけばその変化を読み解くことはできるだろう。だがそれはあくまでも個人に所属するもので、ときによっては記憶にも残らないまま消滅していってしまう。

「ちいさな風の会」には、様々な年齢、またいろいろな原因で亡くなった子どもの親たちが含まれている。悲しみは死亡原因によって異なる部分もあるが、死別の悲しみの理不尽さを共通項として会は運営されている。

思いもかけなかったわが子の死、そしてそれ以降の人生をどう再構築していくのか。自分の意志とは裏腹に、経過していく時間の流れをどのように捉えることができるのか。この会で交わされる言葉や言語化されないやりとり――その呻吟は、「生きるすべ」を模索する父や母の過去、現在、未来を行きつ戻りつする時間でもある。

自死遺族を対象にするものとしては、定例会などのほかに「自死の分科会」がある。「ちいさな風の会」が始まってから九年目の一九九七年に対象者を限定した分科会を設定した。そのなかの一つに「自死の分科会」があり、これまでに宿泊での会合も含めて頻繁に集まりを開いている。子どもの年齢も様々で、自死で亡くなった子どもの年齢は、九歳から五十代までになっている。

このなかでは「自死」という死因であるがために受ける偏見や理不尽などが、話題になることも多い。

分科会を設定した当時、自死によって死別を体験した親たちの入会が増え始めていた。日本社会の変化を予兆するものだったのかもしれないが、バブルが崩壊し、一九九八年から十四年間連続で三万人を超える自殺者が続くことにつながっていく。二〇一〇年代に入って自殺者の数は減っていたのだが、それでも若者の死亡原因としては自殺がトップを占めていた。そして二〇年代になり、新型コロナウイルスの影響ともいわれているが、自殺者の増加が懸念されている。

「ちいさな風の会」という共有体験者の集まりのなかで、会の参加者たちは語り、書き、反芻することによって、死別という事実をあえて意識化するという歳月を三十年以上にわたって重ねてきた。自分自身の変化を客観化し、容認するのは難しい。集会は通常、車座になっておこなわれる。話すことに制限はなく、また何も話さなくてもいい。ある程度時間がたった人たちは、直後の体験者の話を聞くと引き戻されてつらい、とよく言う。薄れること、表面的には収まっているかにみえることはあるとしても、皆無になることはない悲しみが、ほんの少しのきっかけで共振する。その意味では、集会の場では聴き手が語り手でもあり、鏡の前に座ったときのように自らの姿が映し出され、他者からの照り返しを受け止めざるをえない場でもあるのだ。

共有された「場」の三十三年の集積のなかで、個別の悲しみと同時に、時間の経過のなかにたゆたう悲しみの姿が浮かび上がる。

「苦しさから逃れようとすること」にも罪の意識を感じるかもしれない。

忘れることはないかもしれない。

しかし、その悲しみの底で、生きてきた人がいるのも事実なのである。

親としての愛と悲しみ

死別を体験した直後の方は、自分が生き続けることそのものが亡き子に対して申し訳なく、同時に身の置き場もないほどの苦しみの、そのあまりの強さにたじろぎ、息をすることも、涙を流すことさえおぼつかない日々を過ごしている。

自死を体験した親たちは、堂々巡りの問いを、常に胸底に抱えている。

「君を失い、この世の地獄をみたように思う。

こんなに苦しくても、それでも私は生きている。そうだとするならば、生きられないほどの君の苦しみは、どれほどのものだったのかと、それを思うと申し訳なく、たまらない気持ちになる」

「あなたの墓を掘り起こし、「なぜ死んでしまったの」と、聞きたい衝動に駆られます」

本書をまとめるにあたり、投稿文からの再掲載、取材を承諾してくださった方からは、自分の歩みを振り返ることが、自分自身のこととしてだけではなく、苦しんでいる人の参考になるのであれば、という返事をいただいた。貴重な文章などを寄せていただいた方たちには心から感謝し、その意図が生かされるよう願っている。

固有名詞については、個人の特定を避けるために原則として仮名にした。

自死遺族の現状については、上梓した『自殺した子どもの親たち』（青弓社、二〇〇三年）も踏まえ、ご遺族たちの思いをあらためて取材し、歳月の流れに伴う変化などについても書き加えている。

死と悲しみについて

1　死別の理論と実態の乖離

欧米で始まった死に関する様々な研究や実践などと、日本での死や死別に関する取り組みとの乖離に、ある種の違和感を感じていた。理論や研究では様々な見解をもつ人がいるのは当然としても、日本では「言葉」が導入されただけにとどまり、遺族のケアなどについては、なかなか実態が追いついていないように思う。

例えば grief work（喪の過程）という言葉の意味も、悲嘆の古典的な研究といわれる一九四四年に発表されたエリック・リンデマンの論文 "Symptomatology and Management of Acute Grief"（*The American Journal of Psychiatry*）のなかで、その概念が明確にされた。しかしわが国では、実証的な研究成果として記述されているような解釈とは異なる方向で理解されてきたように思う。彼は normal grief（正常な悲嘆）とは、のこされた人と故人との関係、絆が死によって絶たれたあとの感情的な反応で、その反応は、置かれた環境や死の状況、故人との関係などによって様々であるという。normal grief とは、その反応そのものを指している言葉だ。悲しみには様々な諸相があり、事実を否認したり、その感情を避けたり、不自然に無視しようとすることで、心身面にも問題が生じる。

わが国では、「グリーフワーク」という言葉に、死別を体験した人の悲しみを軽減するためにどのような支援ができるか、回復のためのプロセス、というようなニュアンスが込められる。そのため、「いいグリーフ」「悪いグリーフ」というような言い方も出てきてしまったりする。

エリザベス・キューブラー・ロスは二百人の末期患者との面談記録をまとめ、一九六九年に『死ぬ瞬間』(*On Death and Dying*, Scribner, 1969.『死ぬ瞬間――死にゆく人々との対話』川口正吉訳、読売新聞社、一九七一年)という書籍を刊行した。死に至る患者の感情は怒りや否定だけではなく、死を含む現実を受容していくプロセスを記述しているが、その解釈についても同じことがいえる。悲しみの変容過程を五段階に分けて論述してあるために、「五段階」だけが突出して受け止められたのである。欧米のがん病棟では笑えないような事態が起きていたこともある。末期患者の病気の進行状態から、すでに死期が近いのに、まだ悲しみの変容過程では五段階中三番目にある、と。なんとか数日のうちにステップアップする必要があるということが、病棟のケースカンファレンスで真面目に取り上げられていた。

悲しみは死別、喪失、自らの生命が終焉に近いことからくるもの、そのほか離別、転居、自尊心が傷つけられたことなどの生活と日常の場面に起因し、強弱の差はあるものの、その人にとっては重大なこととして、心理、精神面、ときには身体症状にも影響を与える。

悲しんでいる人や苦しんでいる人がいれば、なんとかその悲しみを軽減してあげたいと思うのは人間の情として自然なことだ。だが、その援助や支援が、本当に当事者の側に立ったものではなく、支援する側の都合や理論に当てはめられて実行されてしまっていることもあるような気がする。

グリーフワークや死別からの回復という言葉は本来的には、悲しみによって生じる自然な感情の変化を指すのだが、いつしか、死の看取りと同じように「悲しみからの脱却」「死への準備」というような恣意的な要素が加味され、喧伝されてきてしまった。たしかに、ケアする側や周辺にいる人にとっては、いつまでも泣き叫んでいる人よりは、静かに過ごしている人をみるほうが安心できるし、何か達成感のようなものもてるのかもしれない。しかしそれは、儀式が当事者不在で段取りどおりに進行していくようなものだ。その現実を生きる当事者の感情や思いは行き場を失ってしまう。

前述したように、一九六〇年代に欧米で起きた様々な分野での死生観の再構築は、まさに死に象徴される「自分には起きてほしくない」負のイメージをもつ出来事や感情を無視すること、全否定していることに対するアンチテーゼであった。「死を拒絶する社会（death denial society）」への問題提起は、死とその周辺の事象だけを指すのではなく、社会そのもののありよう、人間観の問題なのだ。しかし、なぜか日本では病院のベッドサイド、死の周辺の出来事に矮小化されてしまった感がある。

悲しみをどう理解するか、勉強会などで知識を獲得することも支えにはなるだろう。しかしそれも、その人が求めたときにはじめて意味をもつことであり、お仕着せの理論や、単純な時間の経過に当てはめられ、押し付けられることではない。

グリーフに関する語句や概念についてはできるだけ日本語表記にしているが、誤解を生じやすいものは英語を残しているのは、前述のような理由による。

ロスが提唱した「五段階」の心理過程も、そのプロセスに患者を当てはめるのが目的ではなく、末期患者のなかにある、行きつ戻りつする様々な心理状況に寄り添うことの重要性を示しているものだと思う。同時に、末期患者との接点が多く、建前的な接し方に矛盾を感じていた医療現場で働くナースたちが患者から感じ取ったことを裏打ちするようなものだった。当時は教科書にはなかった内容だったことが世界的なロングセラーにつながる要因でもあった。一例ではあるが、主治医から病名を告げられていない患者は「何も知らない」「知らせてはいけない」と手引書にはあった。しかし、本当にそうだろうか。患者のそばにいる現場のナースたちは、理論との食い違いに限界を感じ、悩んでいた。

当事者の声をしっかり受け止め、観察するという原点を、ロスの仕事は示している。

2 Be there——ともにあること

様々な現場で人と関わる仕事をしている人たちだけでなく、日常生活の場面でも新型コロナウイルスの蔓延の影響で思うようなはたらきができず、葛藤を抱えている人も多いのではないだろうか。

近代的なホスピスの創始者であるシシリー・ソンダースは、人と人との関わりに触れ、Be there（ともにあること）そのものが人のケアの本質であるという。うまくやろうとするのではなく、「心を砕く」ことが大切である、とシシリーは言う。末期患者は、医療的に治癒の可能性がないと判断された人たちだ。専門性も知識もすべて役に立たなくなってもなお、その人の前から逃げずにいなければならない、と。シシリーはこの言葉を、「マタイによる福音書」第二十四章四十二節にある「目を覚ましおれ」と同じ意味で使っている。何もしてあげることができないという事実、それでも、逃げずにその人の前にしっかり立ち続けることで、有限の存在である人間として、できることがあるのではないかというのだ。

極限を生きる人の現実の前で、具体的に何ができるのかはわからない。しかし、「死」を学ぶとは、「安らかな死を迎えさせる手段」でも「いい死を迎える準備をすること」でもなく、究極の現実と対峙し、自分はどう生きるのか、を問うことにほかならない。

病気への対応や予防対策を求める気持ちとは別に、蔓延する虚無感に取り囲まれている日々のなかで自分の「生」が問われている。

第1部

「ちいさな風の会」の歩み

「ちいさな風の会」は、子を亡くした親たちが上げた声が契機になって生まれた。

同時に、時代のうねりのようなものもあったように思う。近現代社会のなかでタブー視されていた「死（death and dying）」や「悲しみ（grief）」への関心が芽生えつつあった。


「ちいさな風の会」とは何か。

why me?（なぜ、私にこのようなことが起きるのか）

who am I?（私は、誰なのか）

子を失った親たちの呻吟は、人の存在に関わる普遍的な問いになる。

一人の宗教者は、神への怒りと疑問も含めて、この問いに対峙した。

逆縁という不条理を体験したユダヤ教のラビであるハロルド・クシュナーは、息子アーロンへの思いを一冊の本に著す。タイトルは、“When Bad Things Happen to Good People”（H・S・クシュナー『なぜ私だけが苦しむのか――現代のヨブ記』斎藤武訳〔岩波現代文庫〕、岩波書店、二〇〇八年）。

彼は神に仕える者として真面目に善行を尽くして生きてきた。その自分になぜ不幸が襲うのか。なぜ、息子は死ななければならなかったのか。彼の息子はプロゲリア（早老病）という通常の何倍もの速さで老化が進むという珍しい病気のために、生後間もなく、余命十年くらいという宣告を受ける。その日から誕生日は、成長の喜びを祝う日ではなく、死への一里塚になる。

「なぜ、このようなことが起きるのか」――一人の父親として「人間の苦悩」に向き合った著書は、世界的なロングセラーになっている。

死の境界に立ち、その深淵にたたずまざるをえなかった人たちが抱える問い。「ちいさな風の会」の軌跡も、その問いに重なる。

第1部では、「ちいさな風の会」の設立に至る経緯、そのきっかけになる記事を書くことになった個人的な経緯と、死や遺族に関する研究の一九八〇年代当時の状況についても言及した。世界的な視野に目を転じると、死生観についての価値の変容が起こりつつある時代だった。

「あー、風」(「ちいさな風の会」の文集)は、会の発足と同時に発行された。悲しみの体験を「書く」ことには想像を絶する痛みが伴うものだが、「紡ぎ出された言葉」は、亡くなった子どもへの追悼であり、それは同時に、書き手の「生」を支える。

ハンガリー(のちのルーマニア)出身の思想家E・M・シオランは、苦悩について書くという人間の営為について、このように記している。

ある経験をなめたあとでは生き続けることはできない――そんな経験というものがある。そんな経験のあとでは、もうどんな意味すら持ちえないように思えるものだ。生の限界に達し、この危険な限界のあらゆる可能性を激烈に生きたあとでは、日常の行為や仕草は、一切の魅力を、一切の魅惑を失ってしまう。それでもなお私たちが生き続けるとすれば、それはもっぱら、この限界なき緊張を客観化によって軽減してくれる書くことの恩恵によるものだ。創造とは、死の爪の一時的な予防である。

(E・M・シオラン『絶望のきわみで』金井裕訳、紀伊國屋書店、一九九一年)

第1章
悲しみを持ち寄って
——「ちいさな風の会」とその背景

他人の悲しみをみて
悲しくならずにいられようか
他人の嘆きをみて
やさしい慰めをさがさずにいられようか

ウィリアム・ブレイク「他人の悲しみ」『無垢の歌』（一七八九年、引用者訳）

1　子どもを亡くした親の会

「ちいさな風の会」の始まり

本書のベースには、「ちいさな風の会」という子どもを亡くした親の会の活動がある。「自分だけの不幸」「自分にしかわからない苦しさ」と思っていた胸の内を受け止めてくれる仲間の存在を感じることで変わり始めることへの驚きと自尊感情。その変化を自分で認めることが「生きる」ことへの道のりにつながると感じ始めて、他者への信頼を取り戻せたと実感する人たちがいる。そのような会のなかで、表出された「悲しみ」の蓄積が、新たな「生」へのまなざしを生んでいった。

「ちいさな風の会」が生まれるきっかけになった連載記事

一九八八年一月から半年間、新聞連載した「あー、風」(「毎日新聞」。『あー、風――愛する人の死を看取るとき』〔PHP研究所、一九八九年〕として出版)という記事の最終回が終わると同時に、読者や体験者からの声が、執筆者である私のもとに新聞社経由で多数届けられた。

「新聞の記事に紹介されていた人たちの思いは、私自身の思いです」

「このような〔子どもの死〕体験をしているのは、自分だけと思っていた。自分以外にわが子の死を体験した人がいるのなら会ってみたい」(引用文中の〔 〕は引用者の補記。以下、同じ)

読者からの声を受け、連載が終わってから間もなく、問い合わせをいただいた日本各地の人に返事を書き、東京・四谷で最初の集まりをもつことになった。東京周辺からの人や関西から参加した人なども含めて、十三人が集まった。そしてそのときの話し合いで、どうなるのか予測もつかないが、「いまよりひどいこと、つらいことはないのだから」とにかくときどき体験者が会える場をもとうと決まり、「ちいさな風の会」の発足となったのである。

事務的なことも必要ということで、会の世話人として私自身が関わることになり、現在に至っている。

新聞連載を始めたのは、私自身は死の研究の拠点になっていたミネソタ大学社会学部「死の教育と研究センター」に二年間在籍し、帰国した直後だった。日本ではなじみが薄い「死の研究」に関わり、そこで学んだこと、そしてそれ以前に取材者として医療や福祉の場など「生と死」の現場を歩き、見聞したことを二十四回の連載記事としてまとめたのが「あー、風」である。

これまで、発会に至る背景などについてはあまり触れたことはなかった。だが三十年以上を経て、あらためて当時を振り返り、日本国内から諸外国に目を転じると、死全般への関心が高まりつつあり、その周辺の出来事についても、医療の一分野に収まるものではないという認識に立った取り組みが始まった時代だった。

新聞連載で「死」がテーマになることそのものが新しい試みのようにいわれ、抵抗もあったと聞く。しかしこういうテーマへの関心が日本のなかにも徐々に広まりつつあり、声にはならない声が生まれ始めていたのだと思う。そして世界的な潮流として、いのちに関わる様々な問題やそこに関わる人たちの生き方にも関心が払われるようになってきていたことが、記事やそこから生まれた「遺族会」にもつながっていると思う。

2　時代状況と死への関心の広まり

遺族の悲しみに触れる——「生と死」の境界で生きる人たち

死が内包する現実に私が触れたのは、がん治療の最前線を取材したときだった。

一九七〇年代、日本人の死亡原因は、脳や心臓の疾患によるものが多数を占めていた。だが、がんという病気が身近なものになりつつあり、ほかの病気とは異なる「怖さ」を抱く人が増えてきていた。このほか、脳死と移植など「死の定義」をめぐる問題が一般の人にとっても無縁ではなくなった。医学の発達で、死の現実に目を向けざるをえなくなった時代が到来した。医療的な言葉でいえば、「突然起きる死（sudden death）」ではなく、予測された死を意識しながら「闘病の末に迎える死（prolonged death）」が多数を占める時代に移行しつつあり、「死」やその周辺の問題について目を向け始めた時代でもあった。欧米では六〇年代に死の領域の研究が進んでいくのだが、日本ではまだ死は個人のこととして捉えられていた。がんは、「わかったときには手遅れ」「大変な苦痛が伴うもの」「死の宣告」のように受け止められることも多く、本人には知らせないことが前提とされていた。そのため様々な矛盾が表出しはじめていた。

当時の病院では、患者は黒澤明監督作品『生きる』（一九五二年）で志村喬が演じた末期がん患者と同様、自分の身体の変化を察知して周囲との距離も広がり、疑心暗鬼のなかで最後の時間を過ごしていることが多かった。余談になるが、この映画を初めて観たのは、一九八〇年代のハーバード大学医学部の授業を聴講したときだった。「病名告知」の意味、患者心理の理解のため使用していた。アメリカで英文字幕が付いた『生きる』に出合い、そのときのことは鮮明な記憶になっている。

取材者としての私の目的はがんの治療の最前線について知ることで、二年近くにわたってがんの先端医療に関わる医師や研究者の話を聞いて歩いていたのだが、いつしか私の心を占めていったのは、患者の看病をしている家族、死を看取った遺族の思いだった。同時に、生命の終焉が医療的側面に焦点が当てられることへの疑問もあった。死はベッドサイドだけで起きることではなく、まさに人の生と死を包括する問題が現れる。

「死と遺族の研究」——欧米での先行事例

医療現場で感じた疑問を抱え、世界一周の航空券を手に、イギリスやアメリカなどの取材を始めた。当時の日本では未知の分野だったホスピス運動を知ったのもその頃で、がん末期患者への対応を単に医療技術の一分野として捉えるのではない発想に、私が抱く疑問への答えもあるのではないかと思ったからである。ロンドン郊外のシデンハムに開設された聖クリストファー・ホスピス（一九六七年設立）を訪ね、創始者であるシシリー・ソンダースにインタビューをした。心に残ったのは、末期患者のケアとは、患者を医療の対象としてではなく、「人間として（whole person として）」見なし、その周辺の人たちすべて、家族、遺族、スタッフのケアが同じように重要性をもって捉えられているということだった。一九七〇年代の日本には欠けている視点で、新鮮だった。

「どのような死を迎えるか」は、当事者ばかりでなく、そこに関わる人のその後の生き方に大きな影響を及ぼしていく。ホスピスでは、患者の生前から死別後も家族、遺族の悲しみに焦点を合わせた関わりが同時並行でおこなわれていた。わが国ではまだ、「病名告知の是非」が最大関心事になっていた時代である。

このときの取材では、イギリスからアメリカに回り、全米で広がり始めたホスピス運動、在宅ケアを含む地域医療の現場、小児がんの子どもを支援するキャンドル・ライターズの活動など各国の現場を訪ね歩き、関係者のほか、末期患者、家族、遺族の話を聞いた。私にとっては、死を間近にした本人や家族と死の話をした初めてのときだった。この旅での様々な出会いが、私自身の研究の方向性を決定していったともいえる。この当時に欧米で広がりはじめていたdeath awareness（死の認識）運動に触れて、死のテーマは、単に死期を安らかに迎えることや死の準備をするようなことではなく、有限の存在である個の尊厳と存在意義を考えることにほかならないという認識を深めていく。

Center For Death Education and Research（死の教育と研究センター）

この取材を終えて間もなくして、ミネソタ大学社会学部「死の教育と研究センター」に研究員として留学することになる。創始者であるロバート・フルトン教授が学際的な研究の拠点としてセンターを開設したのは一九六七年。この前後に、アメリカやヨーロッパ各国では、いのちに関わる新しいアプローチが試みられるようになっている。

先に挙げた近代的なホスピス運動も、医療革命といわれるように死を前提にした医療であり、この頃に始まっている。「死」に特化した学会の一つが始動したのもほぼ同時期である。多岐にわたる研究者や実践家が少人数でスタートさせたＩＷＧ（International Work Group on Death, Dying and Bereavements）――「死と遺族の国際会議」という学会には、死生学などに関わる研究者たちが世界各地から集結し、「死」という点に集約しながら、学際的な会合を重ねていった。

私自身はフルトン教授のもと、ミネソタ大学、ＩＷＧでの様々な会議、ワークショップに参加することができた。そこに集う人たちの研究領域などを知ることによって「現代的な死」の実相について、国や文化にとらわれない視点に触れることができたように思う。

フルトン教授自身は社会学者だが、そこには、国や文化を超えて多様な分野の研究者が集まり、死についての共同研究がおこなわれていた。『〈子供〉の誕生――アンシァン・レジーム期の子供と家族生活』（杉山光信／杉山恵美子訳、みすず書房、一九八〇年）などの著作でも知られるフランスの日曜歴史家といわれるフィリップ・アリエスとフルトンとの共同研究がスタートしたところでもあった。しかしアリエスの急逝で、この計画は実現できなかった。アリエスは周知のように「日常生活の底に流れる感情」「生と死に関わる態度」などに関心をもち、人の営みの底にある「マンタリテ（心性）」に注目していた。精神分析や神学など人の死の問題と密接な分野ではあるが、従来とは異なる現実の生活をベースにした学問領域が動き始めていた時代、二人の共同研究が実現していたら興味深い成果が生まれていただろうと思われる。

当時、ミネソタ大学では医療や福祉に関係する新しい試みもスタートしていた。この地域そのものが、北ヨーロッパのバイキングの子孫が開拓した土地で、冬はマイナス三〇度、夏も三〇度を超えるような自然環境が厳しい土地柄である。そうしたこともあり、公共の制度ばかりでなく、地域住民がお互いに助け合う相互扶助のシステムが整っていた。在宅ケアのネットワークや小児がんの子どもを対象とするホスピスも、ミネソタ大学看護学部のアイダ・マーティンソン教授の提唱によって始まっている。死の周辺について、ある意味では斬新な試みに乗り出すユニークな地域性もあった。全米の公立大学では最も古く百年前に葬儀学部が設立された。現在も葬儀学に関する講座として、その伝統は継続している。

IWG——死生観への挑戦

前述したIWGという国際会議のメンバーには、欧米の研究を牽引する人たち、実践家が集まっていた。ロバート・フルトンやアイダ・マーティンソンも会員だが、このほか、近代的ホスピスの創始者シシリー・ソンダース、広島原爆などの研究でも著名なロバート・リフトン、自殺学のエドウィン・シュナイドマン、『死ぬ瞬間』を著したキューブラー・ロス、ユダヤ教のラビ、アール・グロールマン、ハロルド・クシュナー、アメリカ西海岸マリン地区で教会の一室を借りて第一号のホスピスケアを始めた医師のウィリアム・ラマーズと牧師のトレバー・ホイ、死に関しての初期の仕事を手がけたエドガー・ジャクソン、ハーマン・ファイフェル、エリック・カセル、コリン・マレイ・パークス、文化人類学の手法で小児重症病棟に泊まり込み子どもたちの無意識の会話から死生観にアプローチしたマイラ・ブルーボンド・ラングナー、ヨーロッパからはローマ・フェーゲンバーグほか、専門分野は様々で、日本語に翻訳された著書もある著名な人たちが、専門性を保ちながらも、ある意味ではフルトンの著書名“Death and Dying――Challenge and Change”にも集約されるように新しい死生観への挑戦を試みるプラットフォームであった。

一年半に一度、全体会議が開催され五日ほどの日程でワークショップなどをおこない、問題の共有などがなされている。開催地もアメリカ、ヨーロッパのほか、オセアニア、アフリカなどでも開かれ、その土地の問題なども含めてゲストを招いての講演会などもおこなわれていた。

一九八五年の夏、日本の被爆から四十年という節目に、被爆地日本での国際会議が予定された。中国を回り日本での会議を開くということで準備にあたっていたのだが、八月十二日に、日本中を震撼させる航空機事故が起きてしまう。当初、事故の実態も判明しないまま時間が流れていた。御巣鷹山での大惨事の様相もわからないなかで講演会などを開催することは不適当という判断から、日本での会合は中止になった。適切な判断ではあったが、多彩な各国の研究者が日本に集まっていたこともあり、残念なことではあった。

3 「ちいさな風の会」の誕生

遺族が悲しみの思いの丈を語ること――遺族会の始動

遺族の呼びかけで生まれた「ちいさな風の会」は、悲しみだけを持ち寄って生まれた。

ミネソタにいた頃、ミネアポリス・セントポール地区の病院でのプログラムや地域ケアの勉強会にも参加していた。そのなかの一つに、小児科病棟でおこなわれていた「子どもを亡くした親たちの定期的な集い」があり、何度か出席していた。病院の一部屋に、小児がんや事故などで闘病もむなしく亡くなってしまった子どもの親たちが集い、涙を流しながら体験を話していく姿を見ながら、漠然と日本ではこういう会は成立するのだろうかと思っていた。一九八〇年代の日本社会のなかでは、悲しみは触れないように、早くに忘れることが何よりと考えられていた。

前述したように、「ちいさな風の会」は遺族会の立ち上げを旗印に人が集まったのではなく、ふとしたきっかけのようなことから同じ体験をした人に会いたいという、素朴で率直な、それだけに真摯な親たちの呼びかけで始まっている。

会そのものも、遺族の悲しみを軽減しようとか、グリーフケアなどという発想もなく、最初の集まりのときに発せられた「自分と同じように子どもの死を体験した人の顔を見たい」「自分と同じような体験をしている人がどうやって生きているのか知りたい」という遺族の切羽詰まった思いが出発点になっている。一九八八年初夏の初めての集まり以降、いまも目標を定めることもなく、小さな活動を続けている。会員の方のなかからは、「こういう悲しみを親たちが経験しなくていいようになり、こういう会はなくなるといい」という言葉もつぶやかれるのだが、実際には細々と続き、二〇二一年で三十三年目を迎えることになる。

親たちが涙のなかから立ち上げた片隅にあるささやかな活動である。

「ちいさな風の会」での一期一会の出会いの集積のなかでの三十有余年。

会を接点にしたことで、心を開き、言葉を紡ぎ、文章に表すことで、心の重荷の受け止め方がいくばくかではあるが、変わってきたことを感じている人がいる。

会員には、発足当時から在籍して死別から四十年近くの歳月を経た人も、ほんの数カ月前に死別体験をした人もいる。つい先頃の集会のなかで、間もなく七回目の月命日を迎えるという死別後一年にも満たない方が、隣の席に座った方の息子の死から三十七年がたつ、という発言を聞いただけで、深く大きなため息をつき、思わず体を震わせて泣き伏してしまわれた。

「数カ月という単位でも、この苦しさが続くと思うだけで耐えられないのに、三十数年も続くのでしょうか」

隣の女性は、「いまは想像もできないでしょうが、時間がたつことによって、変わることもあるのです。さぞや苦しくてつらいでしょうが、よくも悪くも、人間の感情は同じではないことなど、体験を通して学びました」と慰めていた。

大切な人との死別を経験した人は、その日からの日々に一人で向き合い、年月を重ねていくことになる。「時間が悲しみを癒やす」「時薬《ときぐすり》」というような言葉もあるように、時間の経過は、人の心に安らぎをもたらすこともある。しかしそれも個人的な感情であり、なかには、年を経るごとに苦しさの質が変わり、つらさが増すだけと感じている人もいる。悲しみは、亡き人と、その人との関係性のなかから生まれ、一般化することはできないかもしれない。しかし、悲しみを持ち寄って集まった会のなかに集積された個々人の経験に加え、その変化を共有体験者同士というフィルターを通してみえる別の可能性が立ち上ってくるように思う。

一期一会の出会いによって救いを感じられる人は多い。そして「語り」「聴く」ことに加え、「書く」ことを会の中核に置いてきた意味も大きいように思う。

「ちいさな風の会」の活動

「ちいさな風の会」は、専門的なカテゴリーでいうならば、子どもを亡くした遺族を対象とするセルフヘルプグループ（自助グループ）ということになる。

セルフヘルプという明解な考えを述べたのはピョートル・クロポトキンといわれているが、彼は主著『相互扶助論――進化の一要素』（大杉栄訳、春陽堂、一九一七年）のなかで、「相互の闘争ではなく相互の支援は、人類の倫理的な進歩にとって、重要な役割を担ってきた」と記述している。また、長年にわたり、セルフヘルプグループの研究をしているA・カッツは、そのはたらきの重要性として、交流そのものから生まれる「変化」に着目している。以下の考えは、「ちいさな風の会」の活動を振り返るうえでも示唆に富むものだ。すなわち、「自分が自律し、自らを信頼できたとき、人は最も自己実現を達成できる。同時にある程度他者にたよることも必要だと感じられたとき、健康的で満足度も高い自立と自己への信頼を得ることができる。換言すれば、人は愛すること、一緒に何かすること、関心を寄せること、人を支えることを通して、自らの問題を克服し、最大限に自己実現していくことができる」（A・H・カッツ『セルフヘルプ・グループ』久保紘章監訳、岩崎学術出版社、一九九七年）。アルコールや薬物依存の人を対象とするセルフヘルプグループと遺族の会では、成り立ちなども異なるが、ともにいまの社会のなかで息苦しさを感じている人たちである。

「ちいさな風の会」は当事者の思いを優先し、試行錯誤しながら続けられた。会の活動のなかで意識されていることではないが、カウンセリングセッションでもなく、勉強会のような集まりでもない。目標やゴールがあるわけでもない。

会ができた当時、日本社会のなかでは遺族の悲しみ（グリーフ）についての関心は薄く、がんや心臓病といった同じ病気をもつ子どもたちのための患者会はあったが、単独の遺族会のようなものは存在していなかった。

むしろ死や死別に関する話題に公の場で触れることはタブーとされていた。そのような社会のなかで、遺族たちは、自分が「悲しい」と思うことそのものが異常なことのように思い、ましてやその思いを他人に語るなど考えてもいなかった。その意味では、「ちいさな風の会」の発足につながる声を上げた人たちは、社会のなかの無言の抵抗や家族の反対にもひるまず、自分の心の奥底の思いに突き動かされるように行動を起こした人たちである。

子どもを亡くした遺族の会の先行事例などはなく、会の活動そのものを参会者の希望に合わせながら手探りで進めることになった。「誰にも理解されない悲しみ」を抱えた親たちが、「わが子の死」という一点を共通の核にして、集いを重ねた。

ひたすら亡き子をしのび、その思いを分かち合った。

意図したことではなかったが、悲しみを語り、聴き、書くことが、ときに同じような体験をもつ人の支えになることも、また自分自身を見直すことにもつながるということを体験的に会得していくことになった。

子どもが亡くなった原因、年齢、死別からの歳月も様々で、会員の年齢も二十代から八十代と幅広い。定例会は会員全員を対象にするもので、特別にテーマを設定するようなこともなく開催している。会員数が増えたこともあり、こういった全体集会、地方集会のほかに分科会という集まりをもつようになったのが一九九七年で、現在二十四年目になる。

分科会の正式名称は英語名になっているものが多い。これは抵抗感の軽減というよりは、内容を率直に表現しやすいためということで付けている。

分科会のなかには、①suicide（自死で子どもを亡くされた方）、②empty arms（お腹の中の赤ちゃんの死、幼い子どもの死を体験した方）、③only child（一人子を亡くされた方や現在子どもがいない方）、④couples（配偶者との関係について）、⑤sibling（兄弟姉妹の死を体験した子どもたちを対象に）、⑥terminal care と医療について、⑦のこされた子どもとの関係、⑧被害者意識と加害者の責任について――などがあり、近年、会員のニーズが高いことなどもあり、suicide（以下、本文中では「自死の分科会」と称する）は宿泊での集会などにも日本各地から二十人以上の方が集まることもある。

隔月の集会（東京での定例会のほか、地方集会も）、文集の発行、ニュースレターの発行を基本的な活動とした。発足当初は十三人でスタートし、三年ほどは二十人足らずで活動を続けてきた。不定期ながら、会員以外の方も参加自由な講演会、シンポジウム、音楽会なども開催している。

何でもない人のような顔をしなくていい場

会の活動の要である集会での語らいや文集の手記には、率直な思いが表現される。次の文章は、

「ちいさな風の会」の文集第一号に投稿されたものだが、この思いはいまも「会」の存在の原点ともなっている、遺族の率直な気持ちを端的に表している。


「ちいさな風の会」、「ちいさな風の会」

何という快い響きでしょう。生まれたばかりの会なのに、ずっと前からの知り合いのような、いとおしさ、懐かしさを感じます。

ここに来れば同じ悲しみをもった友がいる。

いくら泣いてもかまわない。怒っても大丈夫。

愚痴ばかりいってもいい。何でもない人のような顔をしなくてもいい。

本当に良かった。会ができて。

先生、世話人の方本当にありがとうございます。

これからもどうぞよろしくお願いいたします。

会が長く続きますように。

（「あー、風」第一号、一九八九年一月二十六日発行）

4 遺族の葛藤

体験の違いによる壁

「ちいさな風の会」の活動のすべては、会員からの意見などをもとに方向性を探ってきた。集会などで、善意の人の慰めの言葉に傷つくことが多い、という発言もよく耳にする。体験者と非体験者の「壁」の前で、何を感じ、どのように対応してきたかなどについて、アンケートとしてまとめたこともある。アンケート結果は、いまも体験者の心情と重なっている。

体験者にしか感じえない、世間の壁の存在を前にしたときの本音など、文集二十一号、二十二号（一九九九年発行）では、「混迷の極みで」というタイトルでアンケートをおこなった。七十五人の回答があった。

葬送儀礼や慣習でおこなわれること、形式的な喪の儀式にも違和感を抱いていることが浮かび上がった。宗教的な意味付けのもとで法事などは設定されているのだろうが、「子どもの死」という苛烈な体験をした者にとって、悲しみを増幅するものが多いという。地方によっては、逆縁は葬儀の参列が許されないしきたりがあり、その時間をずっと、身の置き場がなく過ごしていたという父母もいる。

「いま思うと感覚が麻痺していて、人目には冷静に見えたと思います。なぜあきらめがつくまで、抱きしめていなかったのかと思う。心の底で、「息子を灰にしてしまった親」として自嘲ぎみに一切をあきらめている（生きながら天罰を受けてしまった感じ）」

また、「集会での話し合いの折、納骨していない人がいると聞き、とてもうらやましく思った」

という声もあった。「うらやましい」という感覚そのものが、体験者ならではの実感で、普通の日常生活では口にすることもはばかられ、当然のことのように進行していく段取りとして処理されていくことだろう。初七日がすんだら、四十九日が過ぎたら、ということで動いていくことが多い。儀式がもつ意味合いはあるが、地域や家族の形も変化し、形式だけが残り、個人の心情とは相いれないこともある。

その処し方も各人各様だが、「自分の心情に無理をしなくてもいいのでは」ということが体験者の会に来て話を聞いていくなかでわかったことだった。息子の死から十年たち、同居の姑が亡くなったとき、最初に自分がしたことは、お墓に行き、息子の遺骨を取り戻してきたことだったと、やっと自分の胸に息子を抱きしめられた、と話した人もいる。

ある意味では壮絶な話である。体験者の会のなかでは、そういう行動に駆られる親ならではの心情が理解され、共有されていくということだと思う。

生まれて間もなく死んでしまったわが子の遺骨を次の子の妊娠と出産に至るまでの数年間、夫婦で「川の字」のように間に置きながら暮らしていた夫婦がいる。親や親族の知るところとなり、早く納骨するよう注意されたが、その夫婦は自分たち二人で納得するまで動こうとはしなかった。亡き子を弔ったのは数年ののちであった。はたからみれば心配なこともあったかと思うが、自分たちの時間で自分たちの悲しみと向き合いながら、夫婦として判断できたことは大きかったのではないかと思う。そういった納骨一つにしても、いまの社会の価値観に照らし合わせて、非常識、不見識という頭ごなしの評価が下されるような人間関係のなかで、自分の本当の気持ちを語るということはないのではないかと思う。

世間の評価のすべてが心情に反するものであっても、少なくとも自分の考えや行動を理解しようとしている人の存在を感じることで、生きるきっかけを得る人がいることは事実なのだ。

もちろん同じ体験者だからといって、価値観や考えが均一であるわけではない。むしろ違いがあることを理解できるからこそ、ほかの人の考えや行動に対して、批判や評価をする声が先行する無意味さを実感している。わからないこと、理解できないことを頭ごなしに否定されるのではなく、「思い」を受け止めてもらえるという安心感が相互関係のなかで生まれていく。人が傷つくのは、憎悪のような感情ばかりではない。家族のなかでさえ、ちょっとした違いが距離を生んでしまうこともある。自分が苦しむ姿を見せることが、ほかの家族の悲しみを増幅することを恐れ、自分の気持ちを抑え込むこともある。

誰にも理解されない思い——深まる孤立感

遺族の多くは、「居場所」がないと感じ、自分の気持ちを率直に表現することを躊躇する。

「あなたの悲しみ方は大げさだ」と言われたことが一番悲しくて切なかったです。わが子を亡くして悲しまない親があるでしょうか。それも夫の兄から三、四回言われたように記憶しています。特別に耳を傾けてくれたことは一度もないのに。二人ぐらいの人から「区切りをつけなくちゃ」と言われました。もう、それ以降、その人たちには何も言いません。

自分を抑えていましたから、人前では普通でした。ただ、義理の姉には「よく泣かないね」と言われました。一年たって、もう平気と思われてしまうようで、周りの人に気軽に「もう一年たったのだね、すっかり忘れていた」とか、「この一年、どうだった？」とか無神経な発言をされます。私は周りにあまり気を使われたくないので明るくしていますが、そうすると、「気丈だね」とか言われる。これでも精いっぱい無理してぎりぎりのところで作り笑いしているのに、と思います。とはいっても暗い顔をしていれば、それはそれで「がんばれ」とか「元気出して」「しっかりして」とプレッシャーをかけられるばかりで、いたわりや思いやりは得がたいと思います。

一人の死によって、それまで意識することがなかった家族間のダイナミズムが変化する。悲しみの影響ということになるが、不在は、存在すること以上に、のこされた人に大きな影響を及ぼし、家族の姿ばかりでなく、個々人の内面を映し出していく。子どもにとっての両親、兄弟姉妹などの、のこされた人と故人との関係、またのこされた者同士の関係など、個別の関係性が浮き彫りにされていく。

自分の悲しみを受け止め、理解してほしいと思うのは当然のことだ。だが、周囲にいる人全員が悲しみのただなかにあり、たとえ家族といえども、ほかの人の思いに配慮する余裕などないのも事実なのだ。

子どもを亡くした親たちの悲しみは、喪失の悲しみとひとくくりに表現することはできないように思う。「わが子を失う」という体験の直後は、何が現実なのかさえも見定められないような精神状態が続く。死別による悲しみのなか様々な感情が交錯し、自分でも悲しみが引き金になっているとは考えにくい怒りや不安、精神の均衡を失うのではないかという、もっていき場がない感情にがんじがらめになっている。矛盾するようだが、苦しみのただなかにあり、自分が生きていること、苦しさから逃れようとすることに罪の意識さえ抱くこともある。同時に、不規則な心臓の鼓動や胸が締め付けられるような息苦しさという身体症状から、死の恐怖さえ感じていることもある。
精神的な不安定さは、自分だけの苦しみにとどまらず、自分と周囲にいる人のつながりを断ち切ることにもなり、そのことによって孤立感をいっそう増してしまうことになるのだ。

学校行事の節目ごとに心がつぶれる思いになります。先日の高校入試当日に「あの子が元気でいればトンカツ弁当を作って送り出せるのに」と夫に言っても、中学も入学できなかったのに何を言っている、というふうなことを言われました。そんな他人が口にすることは言われたくなかった。親なればこその思いがどうして共有できないのかと情けなくなる。この頃では非常に悔しい気持ちばかりがつのるので、息子たちに独り言のようにしか子どものことはしゃべらないようにしています。

あのことがあってから、もう自分は一般の人とは違うのだと思うようになりました。何事もないように振る舞います。そのほうがいいのです。亡きあと一年ぐらいは慰めてくれようとすることで傷つくことばかりでした。いまは求めなくなりました。本当に分かち合える友を知り、自分で自分を慰めるすべをこの四年間に学びました。これからも求めるでしょうし、「ちいさな風の会」に出席すること、文集を読むことも心を癒やしていく大事な学びです。本当にありがとうございます。

集会には出席したことがありませんが、文集を手にしてほっと安堵したことを思います。それはつらい思いを共有できる友がいることを確認したからだと思います。それまでどうして私だけがこのようにつらい思いをしなければいけないのだろう。誰もわかってくれる人はいないと自分の殻に閉じこもっていたように思います。私だけではないのだという思いが私の心を少しずつ癒やしてくれたと思います。

他者の悲しみ――共感・共振する

このような人たちが一堂に会し、その思いを語り合ってきた。

「自分の悲しみ、苦しさは異常なことであり、自分だけのものと思っていた」

「どうやって生きていけばいいのでしょうか」

集会に出席し、涙ながらに話される言葉に耳を傾け、誰にはばかることなく思いの丈を語り尽くす。同意のうなずきと共感の涙で受け止められていくなかで、

「「こんなに苦しい思いをしているのは」自分だけではなかった」

という安堵の声が漏らされることも少なくない。そのままの自分が受け止められていくという実感は何にも増して心強く、心が解きほぐされていくことにもつながる。事実や悲しみは動かしようがないことであるにもかかわらず、受け止め方が変化する。

このような集会を続けるなかで、思いもかけなかったような声が出始めた。

「絶望的な悲しみのなかで、同じ体験者の方と出会い、話をし、聴き、文章を読んだり、書いたりすることで、ずいぶんと自分は救われたように思います。同じ体験をして、一人で苦しんでいる人に、この会の存在を知らせてあげたい」

「ちいさな風の会」は会員を増やすことが目的でもないため、それまで個人の口コミなどでしか存在を知らせることはなかった。私自身もこの会については、教育や福祉関係のごく限られた場でしか触れることはなかったのだが、会員の人たちから自分たちと同じように孤独のなかで苦しんでいる人に届けてほしい、という声が上がった。

自らの悲しみだけを持ち寄ったところから、他者の悲しみへの視線がいつの間にか生まれてきたのである。そういう思いと声を背景にして、会の活動について、新聞や雑誌に投稿したり、取材を受けたりするようになった。そして会の活動についてのまとめを、『死別の悲しみを超えて』(〈シリーズ生きる〉、岩波書店、一九九四年)として出版した。

この本の「はじめに」で、私は会員の言葉を紹介している。想像を超えるような言葉だった。

この本を書こうと思ったきっかけは四年前にさかのぼる。

「私たちのような人間でも生きていることを知ってもらいたい」というひとことであった。

この言葉を発したのは、重罪を犯した人でもなく、映画「ジョニーは戦場へ行った」の主人公のように、あらゆる伝達方法を奪われた人でもない。

ただ、わが子の死を体験した人たちなのである。

（傍点は引用者）


もちろんこのような発言をしたのは「生きている」人なのだが、仲間との触れ合いのなかで、「生きている」ことを容認するという変化を認めているのだ。そしてそれだけではなく、その思いをほかの体験者にも共有しようとしている。こういう意識の芽生えそのものが、カッツが記した言葉でいうならば、「自己と自立への信頼」に結び付くものだろう。

悲しみの多様性

「ちいさな風の会」についての本や新聞の記事を発表したことから、問い合わせや入会する人たちが増え始めた。一時期、二百三十人ほどの会員数になったこともあるが、活動の基本は当初と変わらない。年間、延べにするとこの会を通して五百人ほどの遺族が出会いを重ねていることになる。

会ができた頃もいまも、わが子の死を体験した人にとって、遺族会に問い合わせをしたり、入会したりすることは葛藤を伴い、大変勇気が要ることでもある。

発足当時は、素朴に同じ体験をした方の顔を見たい、という思いで、そこに何かを期待して、というような要素は少なかったと思う。しかし近年は、ほかの遺族会、市町村などが主催する遺族の会なども増えていることから、「悲しみからの処方箋を求めるように」問い合わせをしてくる方もいる。比較するのはあまりよくないかもしれないが、病名告知を受けた重病の方が、納得がいく診断結果を求めて病院ハンティングをするように、遺族会に複数所属し、それぞれの特性を享受しようというような考えの人たちも見受けられるようになった。

これは個人の要望の変化ということだけではなく、阪神・淡路大震災（一九九五年）以降、日本社会のなかでは、「悲しみを表出」することが精神の均衡を保つうえで大事だと奨励されるようになってきた影響もあるのだろう。一人で抱え込まず、話すことが大切であるという考えが広まっている。たしかに、安心して自分の思いを口にできるような場が地域のなかに広がっていけば、遺族に向けられる偏見や誤解のようなものは少なくなり、少しは生きづらさも軽減されるのではないかと思う。だが、実態はまだそこまで追いついていないように思う。そして近頃になり、「Twitter」をはじめとするＳＮＳなどのソーシャルメディアを通して「つぶやく」ことで、自分の胸中を吐露している人も増えてきているようだ。

子どもの死――あなたの未来を失うこと

悲しみをどうやり過ごすのか、どう受け止めるのかはその人次第で、正解のようなものはないのだろう。

そして同時に、死別に関する迷いや痛みは、その人自身から生まれるもので、ほかから回答が得られるようなものでもない。死は、その人の人生そのものであり、その人と亡くなった人との関係性のなかで意味をもつもので、比較することもできない。

私が遺族の話を聞いていて感じるのは、人はどんなに努力をしても相手の立場に立つことはできないということだ。しかし同時に、大変矛盾するようだが、人は人との関わり、関係性で癒やされていく。

死別は、点のような出来事を指すのではなく、時間、空間を超えた関係の変化を意味している。多くの遺族のケアに関わったアール・A・グロールマンは、実感としての感想を以下のように述べている。

「親の死　あなたの過去を失うこと」
「配偶者の死　あなたの現在を失うこと」
「子どもの死　あなたの未来を失うこと」
「友人の死　あなたの人生の一部を失うこと」
（引用者訳）

会員の一人が、子どもが亡くなった直後に、「「余生」という言葉があるけれど、余生とは本当によくいったもので、いのちが余ってしまった」と心情を吐露した。子どもの死は「逆縁」といわれることもあるが、自分の未来や夢の象徴でもあった存在を失い、遺族の多くは、「何よりもつらいのは自分が生き続けること」と述べる。

母親たちには、亡くなった原因にかかわりなく、「長く生きることができないいのちしか与えてあげられなかった」ことで、わが身を責め、苦しみや悲しみから逃れるのではなく、「わが子への贖罪として、一生背負い続けるべき苦しみ」という捉え方をしている人も少なくない。

会ができた当初もいまも、会員の大多数は母親だが、二十年ほど前から父親の積極的な参加が増えてきている。

「ちいさな風の会」は、入会届の提出をもって正式な会員となる。

集会は、基本的には会員登録をした人を対象にする集まりであり、分科会には該当する会員だけが出席できる。

会そのものは、入退会が自由な「止まり木」だが、なかには「入会届」を提出することは、子どもの死を認めることになり、それがつらくて入会できないという人、こういう会に入会するのは、自分が苦しさから逃れたいと思っているということで、そういう自分が許せないという人、最後のよりどころとして常に脳裏にあるが、実際に参加してみて期待外れだと自分にはもう逃げ場がなくなる、それが怖くて入れないという人などから、様々な手紙もいただいている。

入会届に記入することは、当事者にとっては大変重いことである。ある組織の一員となるためのinitiation ceremony（入会のための儀式）のような行為でもあるのだが、自分の名前や子どもの名前を記すことに、これほどにもエネルギーを必要とすることはあまりないのではないだろうか。イニシエーションは、民族によっては子どもから大人になる通過儀礼を指すこともあるが、体験した人たちからの声を聞き、意図したことではなかったが、入会届に記入することは、言葉が本来含む

reborn（再び生まれる）ということへの迷いや抵抗が生じるからなのかもしれないと思うこともある。戸籍謄本に名前が抹消されたことを示す印がつくことも切ない、というのと、入会届の申し込み欄に氏名を書き込むことは同じような意味をもっている。入会は、人によって軽重の違いはあるだろうが、その葛藤を経て、無意識かもしれないが一つの方向性を自分の意志で選択した結果ということになる。

どちらがいい、ということではない。だが、匿名のまま自由に参加できる遺族会やＳＮＳでつぶやくことでの結び付きなどとは、参加者の意識としても異なるように思う。

入会の書類に書き込まれた内容は、本人の口から話されないかぎりほかに漏れることはなく、その約束事は三十年以上守られてきている。

5　体験を言葉にすること

語ること、聴くこと、黙すること

一九九五年に発生した阪神・淡路大震災以降、つらい体験でも話していくことが、精神的な安定を保つうえでも意味があることとして認識されるようになった。私自身、その趣旨に賛同し、大事なこととは思う。しかし、「話す」ことは一つの要素であり、「語る」ことの周辺の様々な要素が複合的に重なることで、人は変わることができるのではないかと思う。

体験を自分の言葉にして語ることは容易ではない。ある自死遺族の一人が、初めて「ちいさな風の会」の集会に参加し、「子どもは、自らあの世に逝ってしまった」と口にした途端、胃の中のものを戻してしまったことがある。そのような姿を見るだけでも、簡単に「話せば楽になる」などと他人が強要できることではなく、語る人に対峙する側も、それなりの覚悟というか、語る人に対する敬意を払う必要があるように感じてきた。

そして、語られる内容が事実か否かなど、表層だけの言葉が飛び交うのではなく、語った人の思いが、そのままに受け止められている実感をもてるものになっているかが、問われるのではないかと思う。

「語る」ことで風穴があくことは確かだろう。言葉にすることで、本人が気づきを得ることは多く、そこから新たな展開が生まれることはあると思う。だが、悲しみというレイヤーは何層にも重なっていて、そのごく一部でしかない。

三十年間、体験者たちが思いを語る場に身を置くなかで感じたことは、言葉にならない思いも含めて、「語ること」「聴くこと」「黙すること」が同一空間のなかで循環しているような「場」を形成する過程で、そこで感じられたことが、参加者のなかに還元されていくのではないか、ということだ。

書くこと

「ちいさな風の会」では、発会と同時に文集の発行を続けてきた。わずか十数人のグループではあったが、集会に出席できない人も含めて、どういう仲間たちがいるのか、手記集を通じてお互いを知り合う目的で、当初は年二回、文集を発行してきた。

このほか、集会の様子などを知らせるニュースレターなども含めて、会員相互の交流を図ってきた。結果としてみると、文集の存在が会の存続の要であり、アイデンティティーになっているのではないかと思う。現時点で文集四十六冊、そして、周年のたびに編纂した「ちいさな風の会」主催の講演会、音楽会、有志参加の行事など、会の活動に長年関わってきてくださっている会員以外の方たちの投稿も含めた「Beyond Sorrow――Reflections on Death and Grief」という冊子が四冊、ともに会の活動の記録として残されている。これまで会として五十冊の印刷物を発行してきたことになる（一部は『亡き子へ――死別の悲しみを超えて綴るいのちへの証言』〔若林一美編、岩波書店、二〇〇一年〕として編纂・出版している）。

社会の変化、個人情報の扱いなども含め、文集存続の困難さが浮上したこともあるが、再開した矢先、新型コロナウイルスの思いがけない影響などが、会の活動に影を落としている。二〇二〇年は、会場の都合などもあり、集会開催が中止になっていった。様々な問題に直面し、会の存続のあり方を新たに検討する局面に入っているともいえる。文集への投稿も、会員相互への信頼がベースにあり、単に機関誌に投稿するのとは異なる。集会に出席するか否かということではなく、集会と文集が活動の両輪であり、どちらかが欠けても、この会は続いてこなかったとあらためて認識を深めている。

文集は、基本的には、「いまの気持ちはいましかない」と自由に投稿するよう呼びかけている。

投稿を義務化しているわけではない。特集として、テーマを決め、そのテーマに沿った投稿も募集するが、基本は自由題、締め切りはなく三百六十五日いつでも、自分で思ったときに投稿していいことになっている。初めの頃、原稿の単語と単語の間にスペースが入っているものがあったので訂正して印刷したところ、投稿者は自分の息苦しさと、その単語を書くことのつらさをスペースで表していたと聞き、以降は、原稿の原文を生かした構成にして、ときに当事者以外の人が読むと理解が困難な文章や内容もあるが、基本は書き手の気持ちを最大限尊重している。

「会員にとって「文集」はどのような意味をもつのか」について、当時私が在籍していた大学で二〇〇四年五月にアンケートを実施したことがある。遺族についての共同研究（『万葉集』の研究者である石田千尋山梨英和大学教授と二〇〇三年五月から〇四年三月にかけて、十四回にわたる勉強会を踏まえて実施）をもとにしたもので、会員の方には趣旨を説明し、自由参加で記入をお願いした。そこからいくつかを紹介したい。

書くことはとてもつらいけれど、苦しんで書くからこそほかの人の文章も真剣に読み、「ひとりぼっちではない」と思うようになっていった。（文章を書く人とのつながりは深いと思う）

自己の考えと感情について、一部でも他者の理解もしくは共感が得られれば、それは跳ね返って、私自身の慰撫にもなると意識しています。

気持ちを文字にすることで、自分のなかのぐちゃぐちゃになった思いが、少しずつだけど、整理していけたような気がする。書くことで気持ちを表現することが、自分の心を整理するために大切なことだと思うようになった。

書くことで、心の整理といいますか、振り返りますと、気が狂ってしまったような状態から日常の生活がなんとかできるようになるまでの心の支え、励みのような大きな力であったような気がします。

書くことで、一つずつ整理がつけてこられた。書いたことで迷いながらではあるけど、自分がどのようにあるのがいいいか、作品が鏡になっている気がする。

会員のなかには、入会以来、一度も集会に出席せず、また投稿をしたこともない人もいる。人それぞれの事情と選択の結果なのだが、文集への投稿も、これまで文章など書いたこともなく、初めてペンを執ったという人によるものがほとんどだ。

悲しみの影響は絶大で、遺族によっては、自分の意識とは別に、外界との関係を一切遮断してしまう人もいる。どのようなテーマで書こうとも、文章の根底には、わが子の死がある。投稿文のなかには、同じ体験をもつ人々のなかで感じる、共通性と個別性といったことへの言及もあり、「悲しみとともにあること」の意味についても触れられている。共有体験者の会のなかで心のわだかまりを見つめ、鬱積した思いを表現することで軽減する悲しみもあるが、ひとたび生と死の深淵に立つことによって、向き合わざるをえなかった「問い」は常に残り、遺族を人の存在の意味に立ち戻らせる。

止まり木、居場所として三十年

「ちいさな風の会」は、遺族のケアといった目標を掲げてスタートした会ではない。時間を経て立ち止まり、振り返ると会として歩んだ歴史が三十年蓄積したことになる。

初期の頃からの会員は、三十年この会とともに時間を共有してきたことになり、初期メンバーの最高齢は九十二歳になられた。会員は常に流動的だが、子どもの年齢も様々で、お腹の中で生命を閉じた赤ちゃんの母という二十代の母親から、五十八歳の息子を亡くし、九十四歳で入会して二年ほど在籍された方など、いろいろな方たちがこの会を通して、行き交ってきた。

会には名簿はない。集会のなかで話された内容は、その集会のなかでの信頼関係で語られた内容であることを尊重する。話が独り歩きしないよう努めることがお互いの信頼につながることを毎回確認している。これが会の唯一のルールであり、そのほかに堅苦しい決まりはない。

個人的な関わりが生まれることも会の大切な要素とは思うが、それも求める人と求められた人の事情が異なることもあるので、ある意味では「ノー」といえる関係を基盤としている。

集会も投稿も自由参加で、集会と同様、文集の投稿も本人の書きたいこと、話したいことだけを表現する場で、名前や死亡原因などに触れる義務もない。会の存在を知りたい人にとっては不便かと思うがウェブサイトをもっているわけではなく、問い合わせの基本も郵送になっている。いまの時代の流れとはかけ離れているようなアナログの世界である。

文集は、発行当初からしばらくは、会員同士の交流の手段という位置づけもあり、投稿者氏名と居住地を明記して手記を載せていた。文集をきっかけにして、知り合いの輪が生まれることも多かった。集会には参加しないが投稿は欠かさなかった方など、とくに地方在住者にとっては、文集は自分と会をつなぐパイプであり、会員同士の具体的なつながりを生み出す手段でもあった。しかし現在は、個人の居住地などを載せることは中止している。

一九八八年入会の地方在住の会員の投稿の一部を紹介する。


いつも思うことですが、ひどい原因で亡くされた方も多く、今更ながら驚きと胸が痛みます。そしてなかには、二人、三人も、という方もいらして、その深い悲しみ、つらいお気持ちを察することはできても、励まし、慰めの方法を知らず、情けない思いですが、どうかご自愛なさって、生きて（生かされて）いかれることを祈念いたします。

最近は、匿名、イニシャルだけの人も結構多いですね。

いろいろな事情もおありでしょうが、どこの町のどなたかまったく知らない方の文章は、少し親近感が薄くなります。スミマセン。

（「あー、風」第四十三号、二〇一〇年九月十日発行）

投稿される文章のオリジナルには投稿者氏名が記入されているのだが、最終的には、匿名にするかどうかも含めて本人の希望で印刷している。名前を明記しているか否かにかかわらず、書いた人の思いが凝縮している文章である。書いた人の意思が尊重されるのが原則なのだが、ほかの会員にとっては、前述の感想のように名前がない文章には、距離を感じてしまうということも致し方ないことと思う。

文章に残すことのためらいは以前からみられたことであり、その心情も理解できることなのだが、とくに、自死という原因で死別を体験した方たちは、ほかの原因で亡くした人とは事情が異なる。故人に対する誤解や差別意識など、世間の偏見の視線を強く感じていることが少なくないのだ。自分はいいとしても、ほかの家族や親戚の存在を配慮しての選択、ということもある。「自死の分科会」のなかでも、子どもの死を公に話しているか、ということが話題になることがある。結論からいうならば、話していない人のほうが多いように思う。そういう切なさというか社会のなかでの偏見に死という事実以上に傷つくことを背負わざるをえない状況のなかで、会は居場所の一つであり、出会いの場になっているのだと思う。

悲しみは優しさ——wounded healer

ここ数年、子ども自身が自らのいのちを閉じてしまった、という自死遺族が増えてきている。「ちいさな風の会」のなかの「自死の分科会」での発言を聞くと、ほかの原因で死別した人と異なる特殊性があるのも事実だ。先日の分科会の折にも、転居の話が出たことがあった。死亡原因とは関係なく、親にとっては子どもと生前過ごした家に住み続けることがつらく、転居をする人も多いのだが、自宅での自死だと、売却のときにそのことを申告する義務を負うのだという。そして、「瑕疵物件」あるいは「事故物件」という扱いになり、不動産評価にも反映する。家が破損したというようなこととは無関係に、そういう事実があった、ということでの申告義務なのだ。なんとも遺族の心情とはかけ離れたことだが、こうしたことは社会生活のなかで、追い打ちをかけるように家族の思いを傷つけるのだ。こういう事実の集積のなかで、自死遺族たちは日々を送っている。

公表された自殺者の数の背景には、その死に影響を受ける遺族たちがいる。その人と直接的な関わりをもつ両親、配偶者、兄弟姉妹、祖父母、子どもなどだけではなく、血縁、友人、知人など多くの人たちがその後の生き方に影響を受けている。

悲しみや苦しみが放置され、個人が抱えもって耐えるしかない状況のなかでは、生き続けるきっかけを見いだすのは容易ではないだろう。「ちいさな風の会」の活動は、予防医学的な発想でおこなわれているものではなく、「自殺予防」というような観点とは距離を置いているところもある。ただひたすら、亡き子への思いを吐露する場なのである。

しかし、悲しみを語ることには、迂遠ながら予防的な要素も含まれるのではと感じることもある。『自殺した子どもの親たち』を出版して以降、私の職場宛てに、大学生くらいの年齢と思われる数人から読者だと言って電話が入った。

「死ぬつもりでいたし、自分のいのちなのだから自分でどうしようと自由だと思っていた。でもこの本を読み、自分が死んだら悲しむ人がいるということを知った。人の死の現実には、のこされた人の悲しみがあることを初めて知った。死ぬのをやめようと思う」というような内容だった。電話を受け、集会の席上でこのことを会員に伝えると、大変に喜び、涙されていた姿を思い出す。「体験者に慰めを与えることができればいい、とは思ったが、まさか人のいのちを救うことにもつながるなど、考えも及ばなかった。人のお役に立てることもあるのだと、うれしい」と、さめざめと泣かれたのである。

意図したことではなかったが、このような会のなかで紡がれた言葉が、死を思い詰めている人の心に届く可能性を秘めていることを実感した出来事だった。

自殺予防のキャンペーンなどをみると、「サイン」を見逃さず、早くに専門家につなげることの必要性を述べている。社会活動としては重要な観点だと思うのだが、前述したように、会としてはこういった取り組みとは距離を置いている。会員からは、こういう項目や文言を目にするたびに、責められているようで、肩身が狭く、死んだ子どもにわびる気持ちが強まるだけだというような話をよく聞いている。

この会のなかでは、励ましや力づけの言葉が飛び交うわけではない。しかし会員の「ここにくると、元気になれ、と誰も言わない。だから元気になれたのかもしれない」という言葉にもあるように、生きることに向かう力は、あるきっかけを得たとき、その人自身から生まれるのだ。「ちいさな風の会」の人たちのなかには、宗教をもつ人もそうでない人もいるが、ひたすらわが子への思いに誠実に言葉を重ねていった。そして期せずして、亡き子につながる苦しさや悲しみから逃げずに、「場」のなかにとどまっていったのである。語られる言葉だけでなく、そこにとどまり苦悩する姿から新たな希望への道筋が立ち上っていったように思う。

死別からの年月と「ちいさな風の会」が重ねた歳月は一致するものではない。だが、死別体験を共有する会が続くことで、死別という個人的な歴史でしかなかった事実が、時間的な経過のなかでどのような変容を遂げることがあるのか。その事実は個人の心境の変化というような範疇を超え、社会にも還元される事実として示される。

wounded healerとは、分析心理学の創始者であるカール・ユングがセラピストとクライアントの関係に当てはめた概念で、日本語には様々な訳がある。私は直訳に近い「傷ついた癒し人」という言葉が、「ちいさな風の会」の悲しみを抱く人の交わりのなかに重なるように思えてならない。カトリックの司祭であり数多くの著書をもつヘンリー・ナウエンも著書の一冊に「傷ついた癒し人」と付けているが、悲しみや弱さが、ときに自らや他者を支えることにつながる。

ヘンリー・ナウエンが愛する母を亡くしたあと、長年にわたる確執を抱く父とのやりとりが『慰めの手紙』（ヘンリ・J・M・ナウエン、秋葉晴彦訳、聖公会出版、二〇〇一年）にまとめられている。そこでは、究極の悲しみを経たあとの人生を「死を待つ待合室」のようにしてしまう人が多いと、繰り返し述べている。

しかし、「ちいさな風の会」の歩みを振り返ると、人は自らの人生として「生きる」ことができるという証しをみるように思う。

同時に、「悲しみは優しさ」という実感を抱く。

第2章

悲しみを言葉に乗せて
――文集から

Would you know my name?
If I saw you in heaven
Would it (you) be the same?
If I saw you in heaven
I must be strong
And carry on

君に天国で会えたなら
父さんのことを覚えていてくれるかい
君に天国で会えたなら

変わらないでいるのかな
父さんはしっかりしないといけないね
そして歩み続けていかなければいけないね

Tears in Heaven（Eric Clapton, 1992. 引用者訳）

1 「ちいさな風の会」文集への投稿

ほとんどの親たちは、文集投稿を契機にペンを執ったという人たちである。あまりにつらく、一日に一行を書くのがやっとで、数日かけて仕上げたものを思い切って投稿した、という方もいる。文集に書くことは、子どもの死を認めることだから書けないという人もいる一方、自分の胸のなかだけに存在する子どもを、文集という公の場に残せること、亡くなった子どもの名前を書ける場として貴重だという人もいる。わが子への墓碑銘であるとも。

「書く」「書かない」の選択も個人の自由であり、決して強制ではない。その人の気持ちを最も尊重する。

「いまの気持ちはいましかないこと」は、過ぎ去ってみないとわからないが、長く会にいる方からは、「あの頃のように、亡き子のことだけを考え、涙していた時代が懐かしい。いまは当時のような気持ちには戻れない」という声が聞こえることもある。

文集のなかには、直後の思いを投稿する人や数十年たっての心境を投稿する人の様々な文章が混在する。

集会の折、父と母の悲しみの違いなどが話題になることもある。投稿された文章でも女性たちは、三年くらいたった頃から子どもが自分のなかに戻ってきたような気がする、といった感想を漏らすこともある。身体感覚としての痛みと悲しみは、女性のほうが強いのかもしれない。母ならではの身を裂くような痛み、同時にその痛みを感じえない悲しみを嫉妬のように抱き苦しむという父もいる。

尋常ならざる痛みを伴うことを表すとき「断腸の思い」という言葉を使うことがある。その由来は子どもを思う母猿の情の深さを意味する中国の故事だという。『世説新語』に収められたその話によると、晋の武将・恒温が三峡の川下りをした折のこと、川岸にいた子猿をたわむれに船に連れ帰った。その子猿を追って、母猿が百里あまりを岸伝いに追ってきた。やっと船に飛び乗ったかと思うと息絶え、その腹を割くと、腸がずたずたに断ち切れていたという。

子を失うとは、わが身が裂かれるような痛みそのものである。以下、文集のなかからいくつかを紹介したい。

引き裂かれたいのち　飯島芳野

汝が骨を抱きて遠き神々の

出雲の国に今帰り来ぬ
汝を愛でし祖母の御霊のその横に
汝を置き来し置きて帰りぬ

汝を生みて汝を殺せしこの母を
八百万の神よ今日は討ち果て

本当はあなたが私を入れてくれるお墓に、私があなたを置くことになった。先祖の骨壺にたまった水を土に返しながら、引き継がれたいのちの不思議さと引き裂かれたいのちの哀しさを思う。こよなくあなたを愛した祖母のそばへ、永久に安らかであることを祈りながら、しっかりと預けた。それでも、白く真新しい骨壺は少し心細そうに見えた。その日、故郷の初夏の空は底抜けに明るかった。

「ごめんね」と遺影にかくる言の葉の
つもりて今日は百日となる

百日を過ぎてようよう子が逝きし

ことを知らせる便りを書きぬ

「それがどうして僕なの」と
引き裂かれし闇より子の声がする

「ごめんね」と日に幾度、あなたの写真に語りかけることだろう。言葉はどんどん積もって、あなたが見えなくなるほど、何もかも埋め尽くしてしまうような気がして、そのことにもたじろいでしまう。ようやくひっそりとあなたのことも話せるようになった。健康に近づくことが、死へ近づくことだったとしたら、それは私のせいだったのだろうかと。

ガラス細工の兎一匹打ち砕き
この愛もまた終りとなりぬ

哀しみが指の先よりこぼるると
手をすかし見る春の光に

久々の逢瀬と思うしっかりと
腕に抱きて夢に目覚むる

夢で会うあなたはいつもやさしい。楽園といえるような花園のなかで、友人、知人、縁者に囲まれて、あなたは本当に楽しそうだった。あるときは、自分の骨壺のふたを開けて「これがぼくなの」といたずらっぽくほほ笑んでいた。またあるときは「ただいま」といって、腕のなかに飛び込んできた。その肌の温もり、腕の温かさが、ときどき突き上げるように私の体によみがえる。あれは夢のなかのことだったのに。

旅立ちは別れとなりぬ命呼ぶ
声静もりて夜は明けにけり

人ひとり黄泉の世界へ送り来ぬ
地平は遠く地球は哀し

吾子眠る神有国の奥津城に
初春の雪しんしんと降る

今年の故郷のお正月は雪が深かった。真っ白な雪にうずもれながら、あなたはどんな語らいをしたのだろう。あなたのことを思うとき、いつもある温かさや懐かしさ、安らぎ、あふれるばかりの愛を感じる。どんなに大きな哀しみも、苦しみも、憎しみも、怒りさえもが、ある光を放って温かく私に語りかける。生きてあることの関係を断ち切ってまで、あなたが私に残してくれたもの、そのことにどう応えて私は生きていったらいいのだろう。

世間ではよく、「悲しみを経た家族の絆は強くなる」といわれることがあるが、実際には、そうなれない家族のほうが多いようにも思う。世間でいわれることと、実際が乖離していることに、「子どもに申し訳ない」と苦しみを増す人がいるのも事実なのだ。一人の子どもがいなくなることで、家族全体のバランスが崩れ、家族間の距離感が広がってしまうことも少なくない。

子どもの死後も、家族同士が思いやり、つらい母の心情を気遣ってくれる家族に恵まれることは、それ自体、とても貴重で、ありがたいこととは思うものの、自分が苦しむ姿を見せることでほかの家族を悲しませてはいけないと、自分の悲しみを内に秘めていく。

息子の匂いやため息がこもる空間に身を置くのは苦しい時間だ。だが、二人だけの濃密な時間は、亡き子を自分だけの胸に抱きしめていく貴重な時間でもある。

2　自死した息子への思い

息子へ　いまはもう苦しくないですか

笹木京子

雲一つない秋の空に、南に向かってひこうき雲がひと筋、真っ直ぐに伸びていきます。息子が好きだった、水色がかった青い空。

遠く離れていても、この空の下でつながっていると、いつかきっと元気になって、みんなで笑える日がくるはず、と信じて願っていた毎日。あの日から、一年半が過ぎようとしています。

「お母さん、ただいま」と、帰ってくるような気がして、私は何度となく、玄関に続くリビングのレースのカーテン越しに、外を見るのです。

二〇一八年三月、朝から重い雲が低く垂れ込めて、やがて冷たい雨に変わったあの日。息子はたった一人で、逝ってしまいました。発症してからこの十年あまり、どんなにつらく、苦しく、悲しく、悔しかったことでしょう。

私たち家族は、ともに戦い、あらゆる手段を講じてきたつもりでしたのに。

ふとした瞬間に、息子の声が聞こえて、私は流れのない海の底に身を沈め、思い出のなかをさまよい始めます。やがて、もう会えないのだという現実に打ちのめされて、この世のすべてのことが意味を失い、涙が止めどなくあふれてくるのです。こうして生きている自分が、なんと恨めしいことでしょう。無力だった自分が許せず、ひと目会って「ごめんね」と謝りたい。

世間では、自死は偏見にまみれ、人生に負けた人、というイメージが根強い気がします。でも、それは間違いです。悩んで、苦しんで、苦しんで、つらい気持ちを抱え込んで、泣いて、もがいて、文字どおり、必死に生ききった結果なのです。

本当の気持ちは、誰にもわからない……その苦しみは、限界を超えてしまったのです。武器を持たない戦士のように、誰に恥じることなく、立派に生ききったのです。

そんな息子を、私は誇りに思います。いまはただ、残された絶望という時間を、どう過ごせばいいのでしょう。せめて、息子と同じような苦しみをもつ、若い人たちのために何かできれば、と思ったり……。

「ちいさな風の会」に参加して、息子のことなど、素直に言葉に出したあとは、気持ちが少し落ち着くようです。

行き場のない、この深い悲しみを包んでくれる、小さな優しい風が、いつまでもやむことのないように、願っています。

息子の部屋で

小宮一代

息子の使っていた机に座りパソコン作業をしていると、デスクマットの上の息子の残した落書きが目に入る。油性マーカーで書かれた息子の字を眺めていると、ここで足し算や引き算の勉強をし、漢字の練習をしていた姿が思い浮かぶ。油性マーカーで書いてくれてよかったとしみじみ思う。机の引き出しの中に、当時はやっていたキャラクターの鉛筆や硬くなった使いかけの消しゴムを見ると、息子の当時の姿が重なる。学齢が進み、修正テープや何本もあるシャーペンや替え芯を見ると、文具にこだわりをもっていたのだなとあらためて思い出す。切ない気持ちとともに、息子がそのときどきを確かに生きていたのだと実感でき、一瞬そのときに戻ったような感覚になる。この十四年間何度となく繰り返してきたことだ。

今年、新型コロナウイルスの影響で多くのいのちが失われていくなか、いのちについて考える機会も多くなった。自分の年齢から、死がそれほど遠いものでないこともあり、息子の生きた十八年、息子亡きあとの十四年、そして今後について、自分の気持ちのもちようを考えていたときに出合ったのが、小川洋子『物語の役割』(ちくまプリマー新書)、筑摩書房、二〇〇七年)だった。作者はそのなかで「非常に受け入れがたい困難な現実にぶつかったとき、人間はほとんど無意識のうちに自分の心の形に合うようにその現実をいろいろ変形させ、どうにかしてその現実を受け入れようとする。もうそこで一つの物語を作っているわけです。(略)自分の記憶の形に似合うようなものに変えて、現実を物語にして自分のなかに積み重ねていく。そういう意味でいえば、誰でも生きている限りは物語を必要としており、物語に助けられながら、どうにか現実との折り合いをつけているのです」と書いている。また次のようにも書いている。「私は、自分の小説の中に登場してくる人物たちは皆死者だなと感じています。すでに死んだ人々です。だから、小説を書いていると死んだ人と会話しているような気持ちになります。それは、恐ろしいとか気持ち悪いという感触ではなく、非常に懐かしい感じです。自分はまだ死んでいないのに、なんだか自分もかつては死者だったかのような、時間の流れがそこで逆転するような、死者を懐かしいと思うような気持ちで書いています」。作者の言葉の一つひとつが自分の心に染みるように広がっていった。

息子は感情表現が苦手だったので、十八年分の私の記憶のなかに、息子の言葉を思い出すことが少ない。出来事は覚えているのに、そのとき息子が何を言ったのかを思い出すことができない。日常会話では、私が質問をして、息子は「うん」とか「いや」とか答えていたのだろう。会話のようで会話になっていなかったのだろうと思う。亡くなったあとは、息子が好きだと言っていた歌手の歌詞や芸人さんの言葉のなかに、息子の気持ちをくみ取ろうとしたりもしたが、十代の感性でその頃たまたま好きだった以上の意味はわからなかった。息子が考えていたこと、感じていたことを探し、亡くなった理由をなんとか理解したいと思い続けてきたが、年月とともに、原因探しをしても息子の気持ちにたどり着けないのではと思うようになった。時がたち、世の中では予想もできなかったことがいろいろと起こっている。そんななかで折に触れ息子のことを思い出し、息子といま生きている自分との物語を作っていくことが、息子と会話し、息子との距離を縮めることになるのではないかと思い始めている。そして、そのときどきの息子への思いを書くことが、少しでも息子が生きた証しになってくれればいいと感じ、これからも書かせていただこうと思う。書く機会を与えていただけることに心から感謝しながら。

3 父・母として

東北地区で初めての集会を開いたのは、一九九九年だった。山崎夫妻は、それ以前から集会や分科会などに参加され、東北集会のときにはお二人で準備などに関わってくださった。

二〇一一年三月十一日、東日本大震災が起きる。東北在住の山崎夫妻のことも心配で、電話もためらっていたのだが、地震から数日後に携帯がつながった。声を聞くなり、ほっとした自分の思いから「無事でよかった」と思わず口をついて言葉が出てしまった。そんな私の思いに反して、涙ながらに彼女の口から出た第一声は、母ならばこその思いであった。「私は二度、息子を殺してしまいました」

息子が大好きだった海が見えるところに墓地を求めた。その墓地を訪ね、息子とともに、夫と三人で海を見ることが楽しみでもあった。いつかそこに一緒に入れることを心の糧として日々を送ってもいた。しかし、津波によって、息子の墓もそのあたり一帯の山もろとも流されてしまった。ライフラインの復旧のめども立たない状況のなかで彼女の胸を占めていたのは、亡き息子のことだった。

息子の死から三年ほど、ただ苦しくてたまらなかった。自分の近くには同じような体験をした人は見つからず、「ちいさな風の会」で、同じ体験をした人の存在を知ったことが救いで、各地の集会にも参加した。

死の直後、夫とはしばらく手をつないで眠った。言葉を交わすことはなかったが、お互いの不安感と寂しさが、独りではないことを感じさせてくれた。

忘れられないこと

山崎恭子

長男は十七歳で突然人生を閉じてしまいました。たった一人の弟に「お前は絶対に死ぬなよ」という遺書を残して。

私にとって忘れられないこと、それは幼い弟がお兄ちゃんのために告別式で言ってくれた永遠の別れの言葉です。

次男は告別式が始まってから私の隣でずうっと泣きじゃくっておりました。前日から話すことを考えていたふうでもなく、はたしてこの調子で大丈夫なのかしらと私は心配になってきました。

長男のクラスのお友達の弔辞も終わりましたので「今度よ、大丈夫言えるの」と声をかけましたら次男はピタッと泣くのをやめお兄ちゃんの遺影に向かってゆっくりと話しかけました。

「お別れのことば」

お兄ちゃん、ぼくを十一年間かわいがってくれてありがとう。

お兄ちゃんが死んだのは＊月三十日、ぼくとお兄ちゃんの机の前にはカレンダーがあります。次の月は、「明るい未来を信じ希望を持って生きよう」と書いてありました。ぼくが一日早くこのカレンダーをめくっていたらお兄ちゃんはこのカレンダーを見て考え直して死ななかったかもしれない。

天国、地獄、極楽、魔界といろいろあるけど、お兄ちゃんはいい人だから天国に行けると思う。

お兄ちゃんが死んだ日の朝、ぼくはお母さんの悲鳴で目が覚めました。それからお母さんがぼくの所に来て「お兄ちゃんが死んだのよ」と言いました。ぼくは最初、何が何だかわからなかったけど本当なんだとわかってから悲しくてふとんをかぶってずうっと泣いていました。

今日午前中に火葬場に行きました。お父さんとお母さんはお兄ちゃんと一緒に霊柩車に乗りました。ぼくはみんなとバスに乗りました。停止信号で止まると、手を合わせてくれる優しい人もいました。

お兄ちゃんの骨は、白くてきれいでした。ぼくはお兄ちゃんのことをいつまでも忘れません。

さようなら。

お坊さんも肩を震わせて泣いていました。あれから四年半たちました。この四月から高校生になった次男は、お兄ちゃんの古いカバンを持って学校に通っています。

朝もやのなかで

山崎周治

朝七時、初夏にもかかわらず、秋のような風が吹いている。涼しさに誘われ、川沿いの堤防を歩く。遠く風に乗って小鳥のさえずりが聞こえ、川面にしじみ採りの音が渡る。河川敷の狭い農地に突然農機の音が響き渡り、ワシが曇天に飛び立つ。はるか栗駒に向けて。今日も北に山が見えない。君と遊んだ山が見えない。

君は夏の日、山の家の前のアスファルト道路に寝転び、何時間も飽きずに空を眺め、流れ行く雲を追い、鳥を探した。空高くギーギーと鳴きながら青空を急降下する鳥を見つけ、鳥の名を尋ねられたが、いまもってわからない。君が生を捨てたのがいまもわからないように。

堤防を降りて農道を歩くと上では聞こえなかったいろいろな鳥の声がはっきりと聞こえる。近くにいれば君の叫び、嘆きをもっと聞こえただろうにと思うとつらい。帰り道、はるか遠くの山々が雨雲に煙る。もう君に会えない。

4　父親の悲しみ

男性たちの多くは、感情をあらわにすることにためらいを感じる。いわゆる「男らしさ神話」に拘束され、悲しみを表現することが不得意と思われてきた。しかし、「子どもの死」を前にしての悲しみの表現は、男女差もあるが、むしろ個人差という面が強いのではないかと感じる。

男女で悲しみ方に違いがあるのか、いまから二百七十年以上前に書かれた文章は興味深い。著名な国文学者である本居宣長が書いたものだ。本居宣長は、「いい歌とは何か」という課題に取り組み、いい歌とは人情そのものであるという。男女で人情に違いがあるのか、彼は「子どもの死」を例に挙げながら説明する。

悲しくない親などいるはずはなく、ただ父は人目をはばかり、未練がましいと思われるのを恐れ、一滴の涙もこぼさず、あふれるような悲しみを顔から隠して、潔くあきらめたふりをしているだけである。この場合、母は取り乱し、しどけなく、あられもないありさまだが、実はそれが人情のありのままの姿である、と。

彼が二十代後半に書いた『排蘆小船《あしわけおぶね》』にはこんな一節がある。

人情のありのままをいえば、ただただ、はかなく、つたなく、しどけないものである。そこで、女やこどもは自分のこころをおさえることができないから、涙もろく、人情がふかいようにみえるのである。男より人情がふかいのではなく、自分のこころをおさえることができず、人情のありのままをさらしがちなのである。

それにくらべて、男はいかにかなしく、つらいことがこころにあっても、外聞を重んじ、自分をおさえて、かたちをみださず、人情のありのままをとりつくろうのが上手なようである。

（一部、引用者の現代語訳。以下、同じ）

本居宣長の文章にある「歌」という主語を、「文」に置き換えても通用するように思う。彼は、「歌は人情のありのままを読むもので、孔子が編纂したといわれる「詩経」三百余編の詩をみても、その多くはしどけない内容である」と、当時の「こころのおもむくままを綴ったものの価値をあなどる風潮」に鋭い批判をしている。

「ちいさな風の会」の文集に投稿された文章は、心の赴くままを率直につづったものである。

わが子の死を体験したのちの人生をどう組み立てていくのか。感情面での葛藤は、もちろん試行錯誤を繰り返していく。そしてやっと見つけた解決法のようなものが、様々な事情から覆ってしまうこともある。そして、想念のすべてが子どもの死に始まり、戻っていく。

心象——一九九七年夏・秋……三年半を経て

都築孝一

○音楽——悲しみの浄化

モーツァルトの交響曲をよく聴いている。第二十五番、ト短調。第一楽章。なんという音か。感情が渦巻き、涙が湧き出すようであり、人を揺り動かし、過ぎゆく時間が悲しみを乗せて運んでいくかのようだ。

私の心はそれと共鳴する。もっと元気な音楽を聞いたらよさそうなのだが、どうしてもCDを鳴らしてしまう。無意識にカタルシスを求めるのだ。

○そのことの不可解さを考えてやまない

音楽といえば、息子が二十二歳、亡くなる一年半前くらいのこと、部屋からよく音楽が漏れ聞こえていた。ビバルディの「四季」、ビゼー「アルルの女」。それに米米CLUBの「浪漫飛行」。そうしたとき、彼の感性は、それら音の風になびいて、どんなにか楽しみを感じていたことだろう。当時、部屋の前を通りすがって私は「また音楽か」、その程度に思うくらいで、気にも留めなかったが、いまになって遅まきにも、一生懸命そのときの息子の気持ちを想像しようとする。短かった生のなかで、せめてもの喜びを享受していた姿ではなかったか、と。

そんなふうに生きていたこともあったのか、と信じられない思い。同時に、胸が締め付けられるほど、こよなく懐かしい。

息子はいまこの世界に、うつし身をもたない。あのとき、散らばりゆく音を感受し、楽しんでいた彼の感性は、いったい、どこへ行ってしまったのか。

音楽は一つの例にすぎない。家の居間を台所のほうへ横切っていく姿を、ちらりと見ることもなく、友達と電話する声も聞こえない。家の前の道でテニスのボールを打つ音も、聞こえない。

こんなふうに人が居なくなってしまうこと、どうしてこんなことがあるのか。一人の人間のうえにこうした変化がありうるということの不可解さ、不条理さ。そのことは、何度考えても、腑に落ちず、割り切れない。死は遍在する、人生は無常だ――そういうことわりは頭ではわかっても、感情の奥底までは納得していない。

○死児の齢《よわい》

講義がある日、勤め先の大学に出て部屋のカーテンを開ける。展望が開ける。八王子南郊の丘陵に立つこの建物からは、なだらかに下る、林に覆われた斜面や、住宅群や、その先の八王子の市街が一望できる。左手には高尾山や奥多摩の山、右のほうには立川、さらに東京西部の町並みが広がっている。目路の届く限り、家々、道路、橋、学校、ビル、工場、鉄道……が地を覆う。これら人間の営みの巨大な結果。

この景色を目にするたび、いつも思う。人生七十五年として、それは、この宇宙のなかでは、ほんのまばたきほどの時間かもしれない。しかし、この景色を見ると、平均的な寿命でも、人が何事かをなし、何事かを感じ、何事かを楽しむには、十分な長さであると思える。それに比べ、若くして逝った者は、何をなしえたか。

夭折への哀惜が尽きないわけがここにある。杜甫の言葉を借りれば、まさに「花の飛ぶことなんの急かある」。

水戸部アサイ氏が二年前、一九九五年に七十六歳で逝去されていたことを、最近知った。詩人・立原道造の婚約者だった方である。感慨を抑えることができない。

立原道造――その名には、ひとしお思い入れがある。私の好きな詩人の一人だ。この詩人・建築家は、一九三九年（昭和十四年）、二十四歳で逝った。亡くなった息子もこの詩人に、ことのほか興味をもっていた。亡くなったあとでわかったのだが、息子は私の本棚から、立原に関する本を持ち出して読んでいた（二十四歳という年齢の一致！）。

道造とアサイは、昭和十年代の初め、建築事務所の同僚として知り合う。道造二十三歳、アサイ十九歳。二人には愛が育ち、道造の叙情詩の多くは、その愛を源泉として湧き出た。が、進行性の結核で詩人は倒れる。アサイは、寄り添って看病する。四カ月に満たない闘病ののち、立原は逝った。一九三九年、ヨーロッパで第二次大戦が起こった年。その二年後、太平洋戦争が始まる。

アサイはその後、立原の知人の間から消息を絶ち、幻の存在として語られる。

立原の死んだ年の夏、軽井沢駅に姿を現わしたきり、彼女は、堀辰雄や、立原の親しい友人たちの前に二度と姿を見せなかった。最後にその姿を見たのは、詩人と最も親しかった中村真一郎である。（小川和佑『立原道造——忘れがたみ』文京書房、一九七五年）

それから三十数年後、昭和四十年代の半ば、道造の研究家・小川和佑氏は、水戸部アサイ氏の所在を知る。五十五歳になっていた彼女は、順調で平穏な結婚生活を営んでいたという。アサイ氏は、長年手元に保存してきた道造の書簡十五通を、小川氏に寄贈する。小川氏はこれをもとに、二人の愛（昭和十三年から十四年まで、わずか一年間）を一冊の本にまとめる。それが右の引用書であり、私の息子が書棚から抜き取っていった本だ。

水戸部アサイ——私にとっては、とっさに息子を連想する名前でもある。

そのような人物ゆえ、訃を知って感無量だった。

だが、感慨に堪えないことがまだある。アサイ氏の死によって触発された、ある一つの考えである。

私は愕然とする。立原道造の婚約者がいまから二年前に逝ったのだから、もし立原が平均的な寿命を全うしていたら、いまから六、七年前くらい前まで生存していてもおかしくなかった、と。遠い過去の人と思ってきたが、友人の中村真一郎、杉浦明平、加藤周一の各氏らと同じように、私たちの同時代人でありえたのだ、と。

逝去年の一九三九年から、九〇年頃まで、ほぼ五十年。長い。その長さは、私には感覚的によく分かる。私の生まれ年の二年後から、この間までのことだからだ。立原が生きえた時間の長さに、呆然となる。

永らえてあれば、その間立原道造は、たとえ少なからぬ苦労もあったにせよ、何をなし、何を見、何を知り、何を感じ、何に喜びを感じることができたか。どれほど人生を経験することができたか。半世紀というのは、そういうことのためには、十分すぎる時間である。自分自身の人生を顧みて、そう思う。

それは、私の息子の、実現されずに終わった時間の長さでもある。考えて、暗澹とする。ことあるごとに、つい、そうした計算をしてしまう。こんなことは、それこそ判断停止してしまうのがいいのかもしれない。

それとも、「残された者は、くり返し、くり返し喪失のあらゆる要素に直面していかねばならない」(C・M・パークス)のか。

○旅
八月の終わりから、グループ旅行に参加してフィンランド、スウェーデンなどの北欧諸国を旅した。

フィヨルド地帯が旅行の主眼だったので、ノルウェーの滞在が一番長かった。オスロから出発してバスとフェリーで、この国の野、山、谷、海を巡った。

感動した。木々の緑に埋もれるようだった夏のオスロの街。ケーブルカーで登った山の展望台から眼下に見下ろした、火ともし頃の、明かりがちらほらしだしたベルゲン市街と港の全景。

バスが行く田舎《いなか》の沿道の、カーテンを半開きにした農家の窓に、一瞬見えた花の鉢と電気スタンド。まだ青々とした野。静寂の湖。氷河を垂らした岩山。ほの青い断面を見せる氷河。ホテルのすぐ前を、白い泡を噛んで流れていた谷川。フィヨルドを囲む山の端の、午後九時の夕焼け空。ちりめんじわを寄せるフィヨルドの水面。そこを進む私たちのフェリーの前に現れるいくつもの滝……みんな夢のように思えた。異国の旅で、これ以上何を望むことがあろう。

この数年間が暗黒だっただけに、旅の喜びは、まばゆかった。

こうした旅行は、新しい生き方を私が決意したことの結果だ。息子の不幸や、その他の家族の問題が仮になかったとしたら、私はいま何をしているだろうか。どんな生きがいを求めているだろうか。いまや現実は一変してしまった。しかし、やはり、以前考えていた生き方のなかで、追求すべきものは追求していこう。そう考え始めたのは二年半ほどのことだ。

四十年以上も前、高校の地理の時間で、氷河地形のフィヨルドというものを習った。その不思議な景色を一度、この目で見てみたい。そんな子どもっぽい望みをずっと持ち続けてきた。この春ツアーの新聞広告を見て、一も二もなく応募した。

喪失のあと、生きがいやアイデンティティーを組み直すことだ、と言われる。私の場合、べつに新しい生きがいを求めたわけではない。前から持ち続けてきたいくつもの生きがいの、息子の不幸に見舞われて、かすんでしまっていたものが、再び浮上したまでのことだ。それらは希望であり、生きるための牽引力である。

○突沸する感情

態勢を立て直して生きることを決意する。その決心の中身には、ささやかに生きる喜びを味わっていこう、ということも含まれる。逝った者をよそに人生を楽しんでよいのか。しかし、それは逝った者が願うところでもあろう。それがなければ、私が生きることの希望もないわけであるから。こう自分に言い聞かす。

それでも、負い目と後ろめたさがある。それは心の奥にひそみ、理性の防壁を突き破って、何かのきっかけで噴出するのだ。

北欧の旅の最後はデンマークのコペンハーゲンだった。明日は帰国という晩、旅の仲間たちとチボリ公園に行った。街の真ん中にあって、十九世紀前半に作られた由緒ある大きな公園、というよりも、遊園地である。

夜のチボリは、目もあやなイルミネーションがともるなか、メリーゴーラウンドや観覧車などが音を立てて動き、レストランや売店は人でにぎわい、野外音楽堂ではバンドが、うきうきするような音楽を奏でていた。これもまた、夢のようだった。

人気のある乗り物に仲間と一緒に乗ろうとしたが、待ち行列が長くできていて、各人自由行動となった。私は観覧車に乗ろうと思い、一行と別れて、一人そのほうへ歩いていった。園内は樹木が多く、その下の道をたどっていく。よけいな街灯はなく、ほの暗かった。すれ違う人の顔もおぼつかない。恋人たちにふさわしい場所でもある、という意味がわかった。

歩いているとき、ふと、ある想念が湧いた。「なんとにぎやかなところ。まさに人間の生の華やぎ。それに反し、こんなさざめきをよそに、もうこうした生きる喜びを感じることのない者よ。お前を助けてやれなかった。すまない。その私が生き永らえ、こんなところで、はしゃいで遊びほうけて……」

どういうわけか、まなかいに息子の面影が浮かんできた（それとは知らずに今生の別れとなった最後の出会いの、私と向かい合って立った時の、その表情）。涙があふれてきた。顔がゆがみ、嗚咽の声が漏れてきた。あたりが暗いのをいいことに、かまわずに歩いた。

（まこと、こんな遊園地を泣いて歩くなど、前代未聞の沙汰であろう。新しい生き方を決意したなど、けなげなことを言う裏で、崩れるときは崩れてしまう。思うに、それほどまでに悲哀は拭いがたく、理屈なし、とき・ところを問わずに突沸するということか。）

○耐える

長男が帰ってきた。亡くなった次男と二人兄弟だ。家内と三人で夕げの卓に向かう。それに先立ち、仏前でお勤めをする。ご飯をお供えしながら、語りかける。「兄貴が帰ってきたよ（どうしてお前も来ないの）」

久しぶりの家族の夕食。みなで食卓に就く。長男が来て、家族がそろった。何か昔のよう。だが、いすの一つが空っぽ。

ほかのことが旧に復するほどに、その者の不在、欠如が、にわかに意識されてくる。周囲が満ちれば満ちるほど、その空白が際立つのだ。

亡くなった次男は、二つ違いの兄と仲がよかった。どちらからともなく影響し合って、よく使う言葉の言い回しや、抑揚やらに、おかしいほど共通のものがあった。いま、それが食事の雑談のなかで、長男の口調の端々に出る。次男そっくりだ（お前も、どうしてこの座に入らないんだ）。

こみあげてくるものがある。でも、涙を見せるわけにはいかない。ほかの者も苦しんでいる。そして、私と家族とでは、感情の山と谷の位相は、必ずしも一致しない。私は谷間に落ち込みそうだが、私以外は、いまは心が安定しているかもしれない。いずれにせよ、ほかの者の涙を誘ってはならない。少なくとも、それが私の考え。箸を休めて横を向き、目をしばたたいて、涙をひっこめようとする。

伊東静雄の詩の一節。

行って　お前のその憂愁の深さのほどに
明るくかし処《こ》を彩れ　（杉本秀太郎編『伊東静雄詩集』〔岩波文庫〕、岩波書店、一九八九年）

つらいことだ。だが、そういうことなんだと思ってみる。

○会議で

十月の教授会。淡々と議事が進む。学生の休学や退学についての在籍報告があった。目が会議資料のページに吸い込まれる。五年前に私がこの大学に奉職して以来初めて見る、学生の死亡報告。学籍番号、氏名、日付が一行だけだ。

「一年生で、車の免許を取ったばかりの事故でした」

事務局長が説明する。私の息子も、このように報告されたのか……。

その裏の　ちちはのこころよ
数文字の
死亡学生除籍の報告

○学園祭
十月二十五日、大学祭。部屋にいると、もう、中庭の急ごしらえのステージで演奏するバンドの音が聞こえてきた。お祭り気分が盛り上がり、こちらも巻き込まれていく。

キャンパスを歩いてみる。葉がもうだいぶ色づいた木々の下、食べ物屋の模擬店のテントが、たくさん立っている。

一つのテントの中で女子学生が、豚汁をよそっている。途端に記憶がよみがえる。

……九年前、息子が大学一年の秋の大学祭のこと。クラスの実行委員に祭り上げられ、焼きそば屋をやった。見に行った。キャンパスの林間地で、仲間たちとテントの設営をしているところだった。家からもってきた、妻の、見覚えある赤いエプロンをつけ、ジーパン姿の彼がかいがいしく働いていた。

「これ、おれのおやじ」

別に照れもせず、級友に紹介してくれた。

あの日キャンパスでは、落葉する木々の間を斜めの秋の日が射し込んでいた……。


模擬店の前を通り過ぎながら、みるみる目が潤んでくるのがわかる。

日に照り映える黄葉が、目にまぶしい。

○救い
耐えがたいとき、思いは決まって仏に立ち帰ってゆく。仏を称名し、経文を唱え、仏典の言葉を反復する。

結局は、とらわれないこと、執着を離れること、そして、人生を生き抜くべし、という仏の究極の教えをいただき直すべきなのだろう。

「空を学んで　しかも空に安住せず。

苦を知って　しかも生死をいとわず」

そういう知恵を私は、仏に信順し、慈悲に抱かれ、癒やされるなかで、いただいていこう。

岩もあり　木《こ》の根もあれど
さらさらと
ただざらさらと　水の流るる

かかわらず　とらわれずして
大空を　こころかろげに
白雲のゆく

（甲斐和里子『草かご』真宗学研究所、一九三六年）

○贈る言葉

私は宗教的な境地を語りました。突き詰めた宗教の理法は、しかし、死別間もない人には、ときとして、理解不能だったり、冷たく響くこともあるようです。以前、「老少不定《ふじょう》」――年かさの者が先、若い者があとという決まりはない、と聞かされたとき、私は心の癒やしは感じませんでした。死別経験からの日浅く、ただならぬ動揺のなかにある人には、まずは、もっと臨床的な、応急処置的な対応が必要かもしれません。

息子が亡くなってまだ半年あまりだった頃、証明写真を撮ったところ、やつれきった姿がありました。こんなはずはないと、別の自動ラボで撮り直しても同じでした。なんと心身が消耗するものかと思いました。いま同じような状態にある方も少なくないでしょう。次のような言葉を見つけたので、贈ります。

悲しみのさなかで、あなたは、知らぬ間に、とても力をすり減らしています。
自分をいたわりましょう。
自分自身に優しくしましょう。
時には、おいしい食べものや
花や（スーパーで売っている、ちょっとしたデイジーの鉢でもいいのです）
花の香りのする紅茶をいれてみるとか、
香りのいい入浴剤を入れてゆっくり風呂につかる、とか。
心と体は、いま、いたわられ、養われることを、求めています。
こういう時だからこそ、生活の中に、ささやかな、心慰むもの、体を養うものを取り入れましょう。
嵐の海を過ぎてゆくための、力になってくれるでしょう。

（以前読んだ英語の書籍にあった文章を私が訳したものです。）

このつらさがいつまで続くのだろうか、と思うでしょう。でも、いまのようなつらさは、いつまでも続くことはないのだと信じて、風雨を通り過ぎていってほしいと思います。愛する者を失った悲しみが癒やされるのに近道はないといいますが、日も浅い時期の、身を切られるような苦しみは、いつまでも続くことはない、ということを信じて、生きていってください。

私たちが住んでいるこの悲しみに満ちた世界にあっては、悲しまない人など一人もいません。悲しいときには、胸が張り裂けそうな苦しみを味わいます。その苦しみは、時を待たねば、完全には消え去りません。やがていつの日か心の晴れる時が来ようとは、いまは夢にも思えないことでしょう。けれども、それは思い違いというものです。あなたは、きっとまた幸せになれます。この確かな真実がおわかりになれば、今のみじめな気持が少しは和らぐはずです。私は自分自身の体験から申しているのです。（エイブラハム・リンカーン）

リンカーンは、三人の愛息エドワード（四歳）、ウィリアム（十一歳）、トーマス（十八歳）を亡くしています（E・A・グロルマン編著『愛する人を亡くした時』松田敬一訳、春秋社、一九八六年）。

第2部
悲しみを通して見えること

悲しみは個別の感情であり、その歩みもその人だけのユニークなものである。不在は存在すること以上に大きな意味をもつ。子を失った悲しみは深く、忘れてしまえば楽になるのかもしれないが、親にとっては忘れたくない思い出でもあるのだ。

一人子を十二歳で失った作家の高史明は、その死から二十七年目、古希を迎える直前の気持ちを次のように書き記している。

その淡い安らぎですら、私にあっては、わずか十二年しかなかった。一人子が、自死したのだ。このとき、私はいわば三度目の死を死んだのではなかったか。一切の希望が潰えた。そしてそれから二十五年を越える歳月が経過している。この歳月を考えると、心底に鳥肌が立つようで恐ろしい。うちのめされ、檻褸のように横たわる日々が何日もつづいた。しばし狂気にもおそわれている。しかしこの時も私は死ななかった。生死の荒野をさまよう私を生き延びさせたのは、なんであったか。いまにして、つくづくと生の不思議をおもうのである。一切の希望が潰えたとき、姿なき身となった亡き子が、私に手をとったのである。あるいは悲しみが私の手をとったというべきか。

（高史明『知恵の落とし穴』風濤社、二〇〇一年）

わが子の死からの日々をどのように生きてきたのか。一つの言葉にさえ、どれほどの悲しみと痛みが込められているのか、想像をすることもできない。峭刻《しょうこく》の道を歩む姿に粛然とする。我が子の死の悲しみを全身にまとった人の前に立つとき、私の脳裏に重なる光景がある。

「告白」と書かれた部屋の一隅で、僧に何かを熱心に語りかけていた涙ながらの女性の姿だ。告白とは、信仰告白という言葉もあるように、宗教的には、自らの「罪を告白し、神の赦しを乞う」というように使われることが多いが、自分の本心を打ち明けることを意味する。

バルセロナの大聖堂の入り口からすぐのところにある「告白」と書かれた一部屋でのこと、近づくことはできないが、その姿は誰からも見ることができる。そのようなことなど、おかまいなしに、一心に何かを語っていた。「ちいさな風の会」には、宗教的な色合いはない。しかしあらためて遺族の方たちの自らを省みる姿、言葉に触れ、生きることとそのものとの和解とは何かを問う、崇高で静謐な「告白」の場に立ち会っているように感じられるのだ。

そのような場にいてもいいのか、時折、そんな疑問さえ湧き起こる。

和田芳子、都築孝一、井上遥子の三人とは、死別を体験した直後から今日に至るまでの時間の流れの一端を共有したことになる。三十年近くの歳月が流れた。

わが子の死からの歩みは、各人各様で、正解というものはない。だが、三人は初めから、わが子の死を事実として受け止め、率直に自分の胸中を表し続けていたように思う。

世間の偏見や差別的な発言の前に立つことが多い自死者や家族たち。

「不名誉な烙印（stigma）」を背負わされているかのように感じる遺族も多いが、それはあくまでも、対世間のことであり、当事者である親たちは、むしろ「子が選んだ生き方をそのまま受け止めていきたい。子の死をどう受け止めるかは、世間の問題ではなく自分の心の問題だと思うようになった」と、胸中を語る。

和田は、「なぜ私に（why me）」という厳しい問いを手放すことなくその問いに向き合い続けてきた。都築は、救いとしての宗教との邂逅を含めて、「書く」ことに支えられたという。井上は、わが子に伝えきれなかったことを、自分の生き方でなぞりながら残された日々を過ごしていた。

三人三様の軌跡をたどりながら感じたのは、その歩みの中心には常に、亡き子がいるということだった。以下では三人の軌跡について記していきたい。

第1章

その日から二十六年

はじめに――「なぜ」という問いから

……冬は来て、去っていったが
悲しみは、巡りくる年とともによみがえる

パーシー・ビッシュ・シェリー「アドネイス」『シェリ詩選』(星谷剛一訳〔英米名著叢書〕、新月社、一九四八年)

1　そのとき、その瞬間

初めての投稿

次男の死からしばらくたって、和田芳子は「ちいさな風の会」に入会している。

「寛の死の直後、「なぜ」という問いが、片時も頭から離れませんでした。あのとき、私も一緒に死んでしまった。いや応なく死んだのです。自分が亡きがらになったみたいな気がしました」

和田は、時間を経ていくなかでの折々の気持ちを、「ちいさな風の会」の集まりや文集に表現してきた。会のなかにある、自死で子を亡くした親たちの分科会には、最初から欠かさず参加している。

入会したときから、集会の席などでも、和田は息子のことを「自ら逝ってしまったのだ」と話していた。ときによれば五十人近くの会員が集まる全体集会で、あえて死因を言う必要もない場であるにもかかわらず、彼女は「自死」という言葉を使って、会に関わってきた。彼女が入会した頃、自死という死因を明言して参加していたのは、彼女一人だった。

徐々に入会者も増え、彼女のように自死を明言して集会に参加する人も増えてきたなかで、自死の子の親たちだけを対象とする分科会が開かれるようになり、その発足から丸一年たった頃の気持ちを彼女は次のようにつづっている。

入会から数年間、彼女は話すことはできても書くことはできない、と言っていた。初めての投稿には、「そのとき」のことが書かれている。

あの日、あの時刻

二千二百何日目かの夜を迎え、私は毎夜あの日のあの時刻に立ち戻る。あの奈落の底に落とされた瞬間の、血も凍るような思い、慚愧、悔恨、痛恨、無念、むなしさ、狂おしさ、胸えぐる苦しさ、自分をいくら斬り刻んでも悔やみきれない自責の思い。あの時刻を通過するためにお酒を飲む。感覚を麻痺させ、心を麻痺させて、朝を迎え、一日をどうにか生き、幾夜の夜をやり過ごしてきただろう。

あの日以来、あの瞬間の光景を目にして以来、不思議なほど涙が出ない。畳を打ち叩きながら号泣したこともあった。明るい障子を閉めて涙にむせび死んだように動けない日もある。けれど、これほど大切に愛しいと思っている息子を失ったにしては、体のなかを、目の内側を赤い血が流れるように涙が流れているのを常に感じているけれども、目が真っ赤に潤み一筋の涙が流れるくらいで、不思議とあふれるような涙が出ない。

体の傷には血が出るように、心の傷には涙が出るように、血にも内出血があるように、涙にも体の内側を流れる涙があるように思う。

「ちいさな風の会」でどれだけたくさんのお母さんのあふれるような涙を見ただろう。

一緒に心で泣き、ともに慰め、少しずつ癒やされていく。

分科会も二年目をともに過ごしている。たしかに、違いを探していたらきりがないということもわかった。しかしこの会は、この世からこのようなことがなくならないかぎり、流されていく木の葉がしがみつける杭としてあってほしいと痛切に思う。

「なぜ？　どうして？」という問いも、死んで子に会えるまで答えはないのだけれど、せめてともにしのびながら生き続ける間に子を深く理解してやりたい。

分科会の役割と必要性を感じさせられた一年だった。


和田はそのとき、その瞬間のことを、記憶をたどりながら、問わず語りに克明に話してくれたこともあった。

当時、彼女は五十三歳、仕事も忙しく、三人の子どもを育て、同じように仕事が忙しい夫ともすれ違いが多く、二人の関係にぎくしゃくしたものを感じているときだった。

仕事を終えて家に戻ったのが夜の八時で、珍しく先に帰った夫も、子どもたちと一緒に夕食のカレーを食べていた。次男の寛だけが、何日か前から見あたらないというバイクの鍵を捜していて、そのときもやはり鍵を捜している様子で、食事も取っていなかった。つい先日もなくなったTシャツを捜したりしていたので、和田はそれほど気にもかけず、さっさと夕食をすませた。食後、昼間の疲れもあってか、うたた寝をしていたらしい。寛がげた箱を動かすガタガタという音で目が覚めた。彼はずっと鍵を捜し続けていたのだろう、捜すところもだんだんと大がかりになっていて、家具を動かすなどして、大きな音を立てていた。母が、見つからないようならバイク屋さんで合鍵を作ってもらえばいいと言うと、納得したのかどうかわからないが、意外とあっさりと鍵捜しをやめ、近くにぶら下げてあったポトスに八つ当たりするような態度で通り過ぎ、二階の自室に上がっていってしまった。

特別、心に残るやりとりがあったわけではなかった。その後、和田は先に入浴をすませて、風呂に入るよう寛に声をかけた。返事がないので、名前を呼びながら二階に上がっていくと、洗濯物干し場に続く窓ガラスが開け放たれ、誰もいない万年床に大きく明るい月の光が差し込んでいた。昼のようだった。

ベランダにいる寛は膝をつき、かがんでいるように見えた。

首に巻き付いたロープを外したのは、彼女の悲鳴を聞いて駆けつけた夫と長男だった。腰が抜けてしまい、お尻でいざり落ちるようにして下の部屋に下りたが、気が動転し、電話を取っても番号が出てこなかった。救急車には一人しか乗れないと言われ、夫が同乗した。親戚への連絡などを長男に託し、彼女は一人、自家用車に飛び乗ると、息子が運ばれた近くの医療センターまで必死の思いで運転していった。

病院に着いたときのことは、鮮やかで、違和感を伴った記憶として残っている。

夜も更けていたこともあって、病院のなかはガランと静まり返っていた。自分があたふたと駆けつけて息子の安否を気遣う張り詰めた気持ちと、看護師たちの緩慢な動きのギャップが大きかった。病棟全体のどこにも緊迫したものがなく、慌ただしい雰囲気でもなかった。焦る自分の気持ちからみると、コマ落としのフィルムを見るようで、不自然に思えてしかたなかった。

ひと足早く着いていた夫の隣に座ると、看護師から「いま、心臓マッサージをしているところです」と告げられ、しばらくして夫だけが病室に呼ばれていった。

わが子の葬儀

家に戻ったのが朝の四時、家族の勧めもあって横になった。少しまどろんだらしい。七時になってハッと目を覚ました瞬間、和田は「大変なことが起きてしまった」と、体中が震え始め、止まらなくなってしまった。

慌ただしく通夜と葬儀の準備が始まり、自分たちの兄弟姉妹、近所や職場の友人、息子の友達が集まってくれた。突然の死の知らせにみんなが動揺をあらわにしていた。とくに和田の母の衝撃は大きかった。仕事を続けていた和田に代わって、幼い頃の子育ては母が引き受けてくれていた。母が育ててくれた孫の死だった。

母は、誰とも会わず、亡くなった息子の部屋の丸いちゃぶ台でひたすら『般若心経』を写経し始めた。そして書き上がったものを、数時間前まで元気だった、いまはもの言わぬ孫息子の傍らにそっと納めていた。

棺の中の息子はまるで眠っているようで、体のどこにもなんの変化もみられなかった。まさか子どもの葬儀を出すようになるとは考えてもみないことだった。自分たち夫婦に特別の宗教がないこともあり、葬式そのものにもなんのこだわりもなかった。ところが、いざわが子の葬儀をする、という段になったとき、葬式の形が無宗教で何もないというのでは寂しすぎるように思えてきた。宗教に対する考えが変化したということでもなかった。どちらかというと、世間体とか人の目なども気にせずこれまで生きてきたのに、このときは息子に対して、「せめて人並みのことをしてあげたい」という思いが強く起こってきた。息子に関わるすべてを、人並みよりは、「少し上」にしてあげたいと、葬儀も火葬場も曖昧な基準かもしれないが、すべてを下のランクではないものから選んでいった。

通夜と葬儀は会館でおこなったが、家族は夜通し次男のそばに座り、一睡もせずに夜を明かした。十五夜の夜に亡くなっているので、その夜も大きく明るい月が煌々と輝いていた。誰もがほとんど口を開かず、ただ十六夜《いざよい》の月に照らされる室内で息を詰めて座っていた。

通夜の折には、息子の友達がわざわざ来てくれたというそのことが、親として情けないやら申し訳ないやらで、なんと言っていいのか言葉を探し続けていた。

葬儀のときのことは強く印象に残っている。お経の内容というより、儀式全体に流れる「激しさ」が胸を打った。お経を読み上げる声、木魚の音、そのすべてに抑揚があり、大きなうねりになって心に届くようなものだった。

いまとなってみれば、本当にあれほどの大きな音だったのか、それとも思いがけない死の直後、研ぎ澄まされた和田の心の振れ幅に感応したものだったのかはわからない。だが、和田はお経の内容でも、言葉でもなく、音に揺さぶられていた。

わが子の葬儀――など、本来であればいるはずのないところに身を置きながら、音の抑揚のなかに体を沈めていた。

2　原因探し

少年から青年へ

和田は、自死で息子を失った悲しみをこう表現する。

亡くなった理由がわかれば何かが変化するのではないか。しかし、よしんば何かが変化したからといって息子が帰ってくるはずはないのに、どうしてもその答えを見つけようとしてしまう。もし気づいてさえいれば、そこからやり直しができるかのように、必死で時間をさかのぼってしまう。

彼にとっての十九年はなんだったのか。彼が生きた十九年の歳月のどこに、息子を死に至らしめた原因がひそんでいるのか。彼女が思い出せるかぎりのことを言葉と文章で絞り出していった。

生まれた日のこと

大切な、大切なヒロちゃん。

昭和五十年の夏はとても暑い年でした。お母さんは栄養士の国家試験を、大きなお腹をして受験して合格しました（一生懸命暗記をしたので、胎教にはよかったのではと思っていたけれど、いまとなってはそれもストレスとなったのかしら……）。

九月が出産予定日だったのに、へその緒が首に巻きついて生まれたのがちょうど一カ月後の十月〇〇日、四千二百グラムの過熟児と言われました。

あなたを産んだ病院は、お父さんの勧める××診療所で、ちょうど改築の真っただなかで、新しいカバーを看護婦さんが破りながら使用したのを覚えています。気が付いたら、まだカーテンもしていない産室の窓いっぱいにバラ色の朝焼けが広がったこと、あなたの人生が輝かしいものに思えたものでした。あなたを後ろから抱きしめると、お日さまのたくさん当たった枯れ草のにおいがしました。

保育園に預け始めたころ、夕方、菜の花畑のなかを、あなたが泣いているような気がして駆けていったこと、切ないほどに悲しく思い出します。いま思い返してみて妙に心にひっかかることは、あなたが小さかった頃、はしゃぐと気分がハイになって、最後には泣かないと元に戻らなかったことです。お父さんと「そろそろ、泣くよ！」とよく笑ったものでした。

小学生の頃のあなたは、先生にも「すばらしい子」と褒められ、心のなかでは自慢の子でした。五年生のときに生徒会の副議長になり、人望があって六年生のときは生徒会の議長になったのでした。お母さんがもう一度見たいと思うことは、運動会で五、六年生のソーラン節の踊りの、先頭に旗を振りかざして走り込んできた、あの見事な盛り上がった踊り。本当にあなたが優しい子だったと思うのは、同じクラスにいたわずかに知的しょうがいのあるお友達に慕われていて、高校生になってもときどき遊びに来ていたね。あなたが亡くなって間もなく、知らずに「ヒロちゃん！　いる？」と遊びに来たのよ。とても事実を話せなくてとっさに「出かけている」と言ったけれど、どんなにか寂しい思いをしたことでしょう。うさぎ年のあなたは、十九年後の出産予定日の九月〇〇日の、驚くばかりの大きな満月の光を浴びながら自らのいのちを閉じてしまったのです。「どうして？　なぜ？」その問いの前から立ち上がることができません。

五年の年月は、人の世の表面的な移り変わりを示していますが、私には色のついている現実というフィルムの下に白黒の過去のフィルムが重なって見えます。様々な年齢のあなたが、サッカーボールを追いかけたり、自転車に乗っているのが、私には見えます。多摩御陵の遊歩道の緑のなかを歩いていると、私にはあなたがマラソンしているのが見えるようです。中学の全校マラソンで二年のとき十位、三年のとき九位になったとき、お友達のお母さんに「今日のヒロちゃん、お母さんに見せたかったよ！」と言われたこと。私はいつもいつも仕事でした。亡くなる二カ月ほど前のこと、バイトの帰りに、岩ツバメのくちばしが巣から落ちて曲がってしまったのを拾ってきて、獣医に連れていったり餌を箸で与えたりしたけれど、次の日に死んでしまい、「ヒロちゃん、自然淘汰でしかたがないよ」と言ってしまったこと。あのときの静かな沈黙と表情、あのときにはすでに心に決めていたのかしら。私はなんという母親なのだろう。私のなかのエゴの母性よ！　悲しめ、できるだけ悲しめ、と突き放して思う。

「ちいさな風の会」のなかでいろんな方の話を聞き、そのなかで「なぜ？　どうして？」と問い詰める気持ちから、あなたに手を回し引き寄せること、「すべてを含めて理解してやる」段階に移りつつあるように思います。たくさんのお母さんたちとともに、その後のあなたたちとともに生きています。

あなたのふとん

ヒロちゃん！　あなたが、この世からいなくなってから四年、五年目の秋を迎えています。

「なぜ？　どうして？」と秩父の石仏や、夜空の星やお月さまに問い続け、あなたを捜し続け、心のなかで、「お母さんが悪かった。ごめんなさい」と言い続けています。

確かに存在したあなたの魂は、いまどこにあるの？　あなたが自ら逝ってしまったことで、どれだけたくさんのお友達が悲しんだか知っているの？　四年の年月の間に本当に様々なことがありました。ヒロちゃん、あなたは何事も見通す目で知ってるかしら、家引っ越ししましたよ。あの家はいまでもあのままで、誰も住んではいません。お母さんはつらくてあの家に住み続けることはできなかったけれど、あの家で生まれた妹の××が、引っ越しした当時、「誰かを置いてきてしまったようだ」と、私をドキッとさせました。いまでもあの家にあなたの白い影がいるのでしょうか？　目を閉じるといつも心のなかにあなたの日の当たる明るい部屋があります。

葬儀の帰りのバスのなか、人々の前で嗚咽を耐えることができなかったあなたの兄の××ちやんは、その後大学に入り、あなたの腕時計を肌身離さずして、来年卒業して就職します。妹の××は、来年高校を卒業して、あなたの年を超えます。少女マンガばかり読んでいたのに、いつの間にかあなたのように太宰治や三島由紀夫や芥川龍之介の本を読みだしてお母さんはとても心配です。

ヒロちゃん！　××ちゃんや××ちゃんを守ってください。二人を通して生き続けてください。先日、兄の××と卒業したら家に戻ってくるようにというやりとりがあって、戻ったらふとんの打ち直しをしなくてはと心の算段をしていたら、しばらくぶりで、ヒロちゃん、あなたの夢を見ました。あちらの世界でも不況なのでしょうか。あなたは金物屋さんの店員の格好をしていて、だいぶ疲れているようでしたね。そしてあなたはふとんを打ち直してくれと言って汚れたふとんを渡しました。私は久しぶりでヒロちゃんに用を頼まれたことがうれしくて「ああ、いいよ、すぐにやってあげるね」と言って抱えて近くのふとん屋さんに行く夢でした。朝起きて、お父さんに「寛のふとんも打ち直してやりたい」と言ったら涙があふれてきました。あの日のあと、ヒロちゃんのふとんに寝ています。ヒロちゃんの枕を横に寝かせて、ヒロちゃんのにおいでいっぱいの枕を泣きながら抱きしめていました。もういまでは、ヒロちゃんのにおいもしません。二、三日考えて幻のヒロちゃんのふとんのかわりに、残していった彼のふとんを打ち直して気休めにしようと思いました。

幼い頃の息子を思い返すと、おちゃめで、勉強だけでなく生徒会活動などの学校行事にも率先して参加していた。仲間からも人望が厚く、親としては誇らしい思いで見守っていた寛像が浮かび上がってくる。中学に入ると、それまでのおしゃべりが嘘のように寡黙になったが、そのことで親が特別心配するようなことはなかった。親離れの少年に特有のこと、と思っていた。むしろ際立っていたのは、どんなことがあっても、決して他人に向かって何かをすることがなかったことだ。次男はいら立って、母の和田に手を上げそうになることはあっても、そのまま手を下げてしまうような子で、もちろん家庭内暴力といったことは一度も起こしたことはない。

サッカー部でも言いたいことを我慢しているらしく、ある日帰ってくるなり、ブロック塀にものすごい勢いでボールを打ち付け始めたことがあった。あまりの激しさと音に注意したがやめようとせず、そのときはボールの前に立ちはだかった。

「本当のぼく」は、きっと誰にもわかってもらえない、ということを言い始めたのも、この頃だった。友達と話していて、考えていることを言ったら、「ネクラなやつだ」と言われたそうだ。それから、適当に話を合わせているのだ、と。

小学校までの思い出はたくさんあるのに、中学、高校の話は、本人から聞くことなく別れてしまった。あとから気づいたことだが、親とあまり口を聞かなくなった時期から、死をテーマにしたような本や詩を読み、自分自身でもノートにたくさんの詩を書いていた。

和田は、その頃のことを考えると胸が痛くなるという。夫との関係、同居している舅・姑との関係が絶望的にも感じられていた時期で、いつでも離婚をする覚悟で日々を送っていた。夫は仕事を最優先し、出張も多かった。家にいる時間も短く、いきおい三人の子育ては妻に任せきりだった。

溺愛されて育った夫は、何かトラブルが起きても、妻と母の間に立とうとせず言葉を濁しているばかりで、妻の目からすると、逃げているとしか思えなかった。夫に対して冷え冷えしたものを感じ、会話らしい会話もない生活が、すでに三年ほど続いていた。

七人の家族が、同じ屋根の下で暮らしていた。しかし、大人たちの関係は、表だった口論さえ出ないほど硬直したものになっていた。「あなたはあなた、私は私」と、お互いの領分を確認して境界線を引くことで、かろうじて「家族」の形態と面目を保っているような状態だった。

和田は、そのときのことを思い返すと、自分のことに精いっぱいで、子どもたちの思いの側に立って考える余裕がなかったことに気づかされる。

母親が苦しそうにうずくまる姿を見て、子どもたちは何を感じていたのだろうか。

次男の寛は、人の悲しみや苦しさにも敏感で、母のつらさを訴える愚痴にも耳を傾けてくれた。それをいいことに、和田は自分の思いのままを次男には話していたが、父と母の関係を一方の側から聞かされ、息子はどんな気持ちでいたのだろうか。そんな自分の姿を見せていなければ、彼を「追い込むようなこと」にはならなかったのでは、と思っている。

彼は、とても心優しい少年だった。

他人に対して危害を加えたり、暴力を振るったり、ということは一切なかった。

その優しさゆえに傷つくこともあったのだろう。「本当のぼく」は、誰も知らない、と漏らしていた息子だったのだ。もろいところと弱いところも併せ持つ彼が、そんな自分を親には悟られないように気を使っているのを感じることもあった。

受験勉強が思うようにいかず、寛が悩んでいるのは知っていたし、苦しんでいるのも気づいてはいた。しかし和田自身、若い頃から人付き合いが器用なほうではなかったので、息子が抱えているような悩みを抱いて、「死を思った」こともあった。しかし自分は死ななかった。生きてきた。「きっとあの子も切り抜けていく」という確信めいたものをよりどころに、彼の内面にそれ以上は触れようとはしなかったし、死ぬほど思い詰めたものを抱えているとは、正直考えてもみなかった。

なぜ？　どうして？

寛の死後、彼がなぜ死を選んだのかを知りたく思い、彼がノートいっぱいに書きつけた詩を何度か読んでみたが、言葉の意味さえまったく理解できなかった。専門の医師ならわかるかもしれないと思いつき、彼のノートと高校卒業時に描いた心象絵画を持って、マスコミなどによく出ている著名な精神科医を訪ねた。

その医師は、持参したものをひと目見るなり、「至るところに死のメッセージがある。いつ死んでもおかしくない詩や絵だ」と、彼の作品の診断結果を告げた。

和田自身、若い頃は美大に進もうと考えたことがあったほどで、本格的な勉強も一時期続けていた。息子が春休みに油絵を描いているのは知っていたが、親が見て何か言うといやがるのではないかと、ただ眺めているだけだった。もしあのとき、きちんと見ていたら、息子は死なないですんだということなのだろうか。写実画を専攻していた自分には、息子の絵を見ても読み解く力はないが、いやがられることは承知で、それでも彼の世界に強引に入っていけば、死を引き留められたということなのか。

医師の言葉は衝撃的なものだった。誘発されたように、彼女の原因探しはますますあらゆる方向に向かっていった。思い起こせば、二、三歳の頃、はしゃぎだすと止まらなくなり、泣くまで興奮が収まらなくなることがあった。当時はおもしろがって笑っていたが、もしほかの親であれば、そこに何かのサインを見つけていたのかもしれないと、自分を責めるだけでなく、「大切なことを見逃してしまうような」親をもった息子の不幸をあらためて嘆いてもいる。

しかし丸八年がたち、何かが少しずつ変わってきている。単に時間が経過したからというだけでなく、彼女にとっては、自分の折々の思いを、同じ体験者たちと受け止め合ってきたことが大きいような気がするという。

「なぜ」という問い

「ちいさな風の会」の、この分科会ができて二年あまり、日本各地からどれだけたくさんの方々が来てくださったのだろう。この文章を書きながら、その方々はいま現在、日々どのような思いで暮らしていらっしゃるのだろうと思う。この文章がその方々に届くことを願いながら書いています。

私にとって、ごく普通の生活から暗転した、忘れられない日の朝、取るものも取りあえず駆けつけてくださった息子の小学校時代の受け持ちの先生、先生も同じようにして息子さんを亡くされていたということをそのときまで知りませんでした。感情が麻痺してしまった私の傍らで自らのことのように泣いてくださったこと、いま思えば、先生の泣く姿は私の心と重なって、ああ、こんなに身近に同じような形での子との別れをなさった方がいるのかということを知ることは、あの時期に私が狂うことを防いでくれたと思います。

動転と驚愕のさなかに呪文のように繰り返した言葉、「なぜ？　どうして？」。息子と私がほかの友人たちとどこが違ったのだろうか……愚かな母親である私は、多感な思春期を言い訳にして、わずかな兆しにも気づくことができなかった。

子を亡くした親の思いはみな同じ、そのことを知ることができたのは「会」に入ったおかげで、その後の七年の年月を何事もなかったような日常と胸をかきむしられるような思い出のなかで生きている。

子を理解してやりたいと思う境地にはなったが、心の奥底の「なぜ？　どうして？」は消えない。分科会でたくさんのお父さん、お母さんに会った。直後の自分の姿と重なり、切なく悲しい。十例、二十例すべてが違う。何万例、何十万例の「なぜ？　どうして？」が重なったときに、いつか、かつての結核や現在のＨＩＶのように、医学的に解明される日がこないだろうか。

秋の日差しが明るく暖かい、青く青くどこまでも透き通っている。庭から摘んだ黄色の菊の香りが、息子のところから私のテーブルまで届いている。

私にとって、息子はいないのではない。こうして文章を打っているこのひとときは、ともにいると思う。

分科会の大切さは、何よりも私たちが知っている。

初めての人がやっとの思いでたどり着き、いのちをつなげる場所となりつつある。みなさんと大事にしていきたい。

3　亡き人に向き合っていく時間

家族のなかの死

死別直後は「体だけが、息をしていた」と、彼女は語っていた。亡くなって半年あまり、何よりも苦しいのは、自分が生き続けることだった。起きているのか眠っているのかさえ、定かではなかった。機械的にのこされた家族の食事の支度をしながら、いざ食卓に箸や茶碗を置く段になって、あまりの喪失感から、一人亡くして四人になったことがどうにも理解できず、「何人になってしまったの？　何人分の食事を用意すればいいの？」と泣き伏してしまったこともあった。

そんなことがあったのを思い出したのは、つい最近のことだ。

現在は自宅を離れている子どもたちが全員そろうという日、心弾ませながら夕食の準備を始め、気がつくと五人分の用意をしていて涙がこみあげてきたとき、次男がいなくなった直後の先のような夕食の光景が思い浮かんだ。

記憶の底に沈んでいたことが、歳月を経て、むしろ鮮明に浮かび上がってくることがある。和田は息子の死からしばらくして、自らが入院することになってしまった。そのようなこともあってか、しばらく途切れていた思い出が、いまになってよみがえってくることもあるという。

それは、次男の死から七カ月がたった頃だった。急激な発作で、和田は倒れてしまう。精密検査の結果、悪性の腫瘍があり、胃の全摘手術を緊急でおこなうことになった。

意識にさえ上がることがなかった自分の体のこと――肉体も慟哭していたのだろうか。

病名を聞いた瞬間、怖さなど湧いてこなかった。手術の結果など、どうでもよかったし、「死んでもいい」「これで死ねる」といった考えさえ頭に浮かばなかった。

彼女の心を占めていたのは、ただひたすら「切腹して、死んだ息子にわびられる」という思いだけだった。彼女は、病名の告知を救いのように感じながら手術に臨んだという。

生死に関わる重大な出来事を前に、彼女の反応は私たちが一般的に予測するものとは違っていた。こういった感覚を、「大きな衝撃のあとで、心が麻痺し冷静な判断ができないため」と捉える研究論文も発表されているようだが、私は子を亡くした親たちの悲しみは、単純に「心の麻痺」と決めつけられるものではないように思う。子を亡くした親たちの多くは、亡くなった原因に関係なく自分を責める言葉しかもたない。自分の存在そのものを全否定するような感覚はほかの家族を亡くした遺族よりも、子を失った親たちに強い。「もし自分の子として生まれていなければ、もっと長生きできたのではないか」「なぜ、長く生きられるようないのちを授けてやれなかったのか」など、自分が生きていることそのものに罪悪感を抱き、身をひそめてひっそりと暮らしている。

遺族の多くは、朝がつらいともいう。これから、果てしなく長い苦しみの一日が始まると思うとやりきれないというのだ。また、夜、床に入るとき、「どうぞこのまま目が覚めないように」と念じながら眠り、その願いがかなえられなかったことを確認する瞬間だからでもある。和田もこのような日々を送るなかの、突然の発病だった。幸いにも手術は成功し、彼女は職場にも復帰した。「死なずに生かされているのはなぜか」「死ななかったのはなぜか」――容易に答えは見つからないが、「生かされている意味があるのだろう」とも思うようになった。

休日には、近くの菜園で野菜を作り、陶器を焼く。

亡くなった人を自分のなかに取り戻す作業

嵐のような悲しみのなかで七年

魂のヒロちゃん、お元気ですか？

見える形で捜しているときがあります。七年も経ってしまったので、五、六歳の子どもを見ると、じいっと目を見つめてしまいます。生まれ変わっていたら、目をじいっと見つめれば、私にはわかるのではないかと思ってしまうのです。似ていると思うときもあります。でも、いつもは、見えない形としての存在「魂」への呼びかけをしています。

西暦二〇〇〇年、あなたが簡単に迎えることができたはずの、二十一世紀。大きな戦争こそないけれど、経済の悪化、政治家や警察官、青少年の事件のない日はないほどの、荒んだ世の中です。今年の新卒者の就職率も最低で、リストラで仕事をなくした中高年は一年たっても再雇用されない、希望のない現実のなかで、若者と中高年の自殺が増えています。

「人間だから、自ら死を選ぶこともある」ということ、お母さんは、大切なわが子の死を通して知りました。

新聞紙上で、親に死なれた子どもの手記を読み、のこされた家族がその後を生きることがどんなに大変か、身をもって知りました。

先日、お父さんが、就職して下宿してしまってなかなか家に帰ってこない兄に電話をして、「相談」を口実に新宿で食事をするというので、「私も！」とついていって三人で誕生祝いをすることになった。この頃お父さんが「俺も男の更年期かも」と抗鬱剤を飲んだり、ヒロちゃんの夢を五回くらい見たりで人恋しかったらしい。三人で妹の××のバイトの様子を見にいって、あとで××も合流して久しぶりに楽しいときを過ごしました。みんなが一緒のとき、黙っていても、みんなの心のなかに寛がいるのがわかりました。

振り返ってみると、直後、のこされた家族は、それぞれが溺れて引きずり込まれていってしまいそうで、もしも、また、自分がそのようなことになれば、さらに、悲しみと苦しみを負わせてしまうと思い、それだけはしてはならないと必死でした。
母親である私は、半身が引き裂かれたような体そのものの痛みを伴う喪失と自責の思いの日々でした。
七年の月日がたつと、嵐のような悲しみはいくらかやんで、凪のような静かな日々のなかで、しみじみと、つくづくと、喪ったことの本当の重さを噛みしめています。
ヒロちゃん！　あなたはのこされた私たち四人の家族の心の絆です、とても痛く悲しい心の絆です。
では、また！……と語りかけの機会を提供してくださった「ちいさな風の会」に感謝しつつ。

和田は息子の自死から七、八年たった頃、直後とは違う心境の変化を感じることも出てきたと話していた。

「あの混乱の日々から八年の時が流れました。心を半分あの日に落としてからの年月の長さは、とてつもないもので、あえぎながらの年月でした。しかし、いま少しずつですが、自分の心が穏やかに、静かに癒やされていくように感じることがあります。息子の写真を傍らに、このような静かな日々が、私にも訪れるとは思いもしませんでした」

そして息子を「なぜ」と問い詰めることから、そのまま、まるごと受け入れようという思いにも変わってきたという。

息子の生前、自分は一人で生きられる、と思っていた。それが息子のことがあって以来、夫の存在、家族の存在のなかで自分が生きているということをしみじみと感じるようになったという。何かをしてもらうとか、頼りにする、とかいった意味ではなく、人は一人では生きられない、ということを実感するようになった。切ないが、息子が教えてくれたことの一つなのだ、と語る。

死の直後、四歳上の兄は弟について、「寛は、人生について自分に問いかけ、タマネギの皮を最後までむききってしまったのか」と言っていたことがあった。

下の妹が、次男と同じ年になる頃、彼が好んだ作家の小説を手にしているのを見かけるだけで、心配でたまらなかったこともある。

自宅のすぐ近くに次男の墓を求めた。休みの日にはお墓を訪れるが、それが夫と自分の週末の過ごし方になった。

家族の食卓で、寛という息子の名前を言えるようにもなってきた。悲しみは消えないが、家族の胸のなかに寛が生きていることをそれぞれが実感できるようになるまでには、やはり八年という歳月が必要だったように思うと和田は語っていた。

和田の話を聞きながら感じたのは、悲しみとは、亡くなった人をもう一度自分のなかに取り戻す作業なのかもしれないということだ。語られる言葉、流される涙、ときに漏らされる笑い、そこには常に和田寛がいた。

時間の経過は、必ずしも心の平安と直結するものではないし、悲しみは消え去るようなものではない。そして、悲しみは、忘れたり乗り越えたりするようなものでもないように思う。しかし、亡き人に向き合うなかで、何かが確実に変化していくようにも思う。亡き人も、そしてのこされた者も。

わが子の存在をまるごと受け止めたいという思い

そしていま、息子の死から二十六回目の秋を迎えた。

嫁・姑の葛藤などもあり、一時は「別れる」ことも覚悟した夫は、寛の死後、いつの間にか傍らにいてほしい存在になっていた。その夫も昨年、病気がわかってから短い闘病の末、先に逝ってしまった。まだまだやり残したこともあっただろうが、最後は子や孫に囲まれた静かな死だった。

息子の死後、彼女は生死の境をさまよったものの、生き延びた。息子のことを知りたくて、しばらくの間、ふとんのなかに縄を入れて、その縄を触りながら夜を過ごしていたこともある。

当時、話し忘れていたことがある、といって話してくれたのは、最期の別れをした火葬場での出来事だった。コロナ禍以降、自殺者の報道が続いたこともあり、当時のことが様々に想起されるのだという。

和田の記憶は細部に及び、そのことを言葉や文字にも残していた。

自死　わが子にとって「ほかに選びようがなかった選択」であったと自らに言い聞かせても、受け入れることは容易ではない。死は悲しいし、受け入れがたい。しかしどのような死であろうと、母の気持ちは伝えておきたかった。

どんなことがあろうと、あなたは私にとって大切な存在であることを、息子自身にしっかりと知っておいてほしかった。心に刻んでおいてほしいと願った。

母が見つけた十九歳の次男のいのちは、自宅のベランダで、満月に向かってシルエットを描くように閉じられていた。


火葬にするための重い扉が閉じるとき、彼女の心に湧き上がったのは、わが子の存在と生きてきたことをまるごと受け止めてやりたいという思いだった。そしてそのことを息子にも知っておいてほしいということだった。

無情な点火の音が聞こえてからもしばらく、彼女は亡き子の耳に届くよう、大声で叫び続けた。

「ありがとう、ありがとう。

お母さんの子どもに、生まれてきてくれてありがとう」

第2章

書くこと、宗教に救いを求めて

はじめに

円環が閉じられようとしていた。死によって引き起こされた魂の苦しみ、精神の苦悩が死とともに終わろうとしている。生涯悼みつづけてきた息子のマシューにようやく会うことができる。彼を失った深い悲しみのせいで、時間の経過はその痛みを和らげずに強めていたが、それもやっとなくなる。膨れあがるブラックホールのように人を呑み込んだ嘆きも、すぐにありがたい終結を迎える。

デイヴィッド・マレル『蛍』(山本光伸訳、早川書房、一九九二年)

1　突然の息子の死

一九三七年生まれの都築孝一は、五十代半ばで息子の死を体験し、それから間もなく妻の死も看取ることになった。彼は、大学卒業後、放送局で編成や国際協力の仕事などに関わり、息子の死を体験したのは、第二の職場となる大学に移って間もなくのことだった。

「ちいさな風の会」に入会してからは、集会、分科会への参加、文集への投稿など、熱心に会の活動に参加した。とくに文集への投稿、「書く」ことは、あとにも触れるように彼のその後の生き方で、大きな位置を占めるようになる。

都築の次男はやんちゃで、天真爛漫、無邪気な少年だった。その次男について、都築は自分の経済力を考えて躊躇したが、私立中学に入れることにした。中学入試の受験勉強にあたっては、自分の時間を次男の勉強の手伝いに振り向けた。多忙な職場から戻ると夕食のビールも断ち、乏しい時間を息子の勉強を見るのに費やした。息子の机のそばに付き添ってお互い額を突き合わせる日々が続いた。そのかいあって次男は中学に合格した。そして中学・高校と時間を経るなかで医学に興味をもち、やがて国立大学の医学部に合格を果たした。そして入学後は勉学、実習など楽しそうな日々を送っているようであった。都築は幸福だった。

しかし事態が暗転した。医学部五年生のとき、息子が自らのいのちを閉じてしまったのだ。突然の出来事。シュテファン・ツヴァイクの言葉を引用して彼はこう言う。

運命は、その両腕に彼を抱いて天に向かって高々と差し上げたが、それは次の瞬間それだけ強く地面に叩きつけるためだった。

不幸があった年の翌年一九九五年に都築は「ちいさな風の会」に入会した。会では会員全体を対象とする集会のほか「自死の分科会」にも出席していたが、全体集会では初めは息子の死を「突然の死」という表現を使って話していた。自死という言葉は使わないものの、しかし率直な父親としての心情は参加者の胸に響いていったと思う。死亡原因には関係なく仲間の輪ができていったのも、彼の誠実な人柄があるからだろう。いまだにその頃からの交流が続いているという。

彼にとっては宗教的な出合いが救いへつながったという。会そのものは特定の宗教のもとにあるものではないが、会員のなかには、信仰をもつ人もそうでない人もいる。なかには、宗教という言葉を聞くだけで、拒否反応を起こす人がいるのも事実だ。都築は宗教的なことの押し付けではなく、自分の心が解放されていく過程として、宗教との出合いなども文集への投稿に記していった。

2 想像力が自らを苦しめる

入会から十年ほど、六十五歳の誕生日を目前にしたときに都築は会を離れている。そのとき、彼は「早めに職を辞して息子の死に向き合う日々を送っていきたい」と話していた。

ちょうどこの頃、「ちいさな風の会」は講演会を開催した。講演者は十二歳の一人子を亡くした高史明氏だった。高氏は、一九七五年に息子を自死で失ったのだが、講演会ではそれ以降の心の遍歴を話してくださった。会のあと、都築に感想を聞いたところ、彼は、「話の内容というよりも、子どもを失い、その後二十五年以上を生き抜いてきた人の存在に触れたかった。お顔を見たかった」と語っていた。

いま都築は当時の高氏と同じような年月を経たことになる。会を離れてから十八年たった二〇二〇年の十月、本当にしばらくぶりにお目にかかった。

事前に都築には、会を離れて以来の心境の変化などについて聞きたいと伝えていたので、彼の思いを書きためた大学ノートや、きれいに整理された切り抜きなどが貼ってある資料を携えて、約束の場所に現れた。

このときの面談の終盤に、都築は分子式の話を例にとって、いまの心境を話してくれた。原子の一つひとつはいいも悪いもない。例えば、ダイヤモンドのもとのC（炭素）や、K（カリウム）、N（窒素）なども単独ならばなんの問題もないが、それらが一つになるとKCN（シアン化カリウム）、すなわち青酸カリという非常に有害なものを生み出す。人の心でも似たようなことが起きるという。

例えばこうである。都築には、次男が子どものときの記憶がある。天真爛漫で無邪気な面影がまぶたの裏にある。そんな子ども時代のイメージと死がふっと結び付く。「あの無邪気な子が死んだ！」。それは死別のつらさの度合いを増す。そうでなくてもつらく苦しいものをいっそう耐えがたいものにする。しかし、実際には息子の死は成人後のことだったのだ。想像力がはたらいて「子ども時代のイメージ」と「成人後の死」を化合させた結果、倍増した苦しみを生む。

これは一例で、同じようなイメージ連結による苦しみを繰り返し味わった。しかし、あるとき気がついたという。人の想像力はときに勝手に歩きだして、恣意的に振る舞い、その人を苦しめることがある。つなぎ紐から外れた想像力の暴走。都築は思った。これからは「これは想像力が独り歩きをしている」と感じたら、そこでとどまるようにしよう。これは心がK＋C＋N↓KCNの反応を起こしているようなものだ。想像力が自らを苦しめる。そうしたことはやめよう。

3　「祈り」によって得る安らぎ

これに似たこととして、自分のなかに散らばって存在する疑問や後悔などは消えることはないが、あえてそれを突き詰めることはやめようと思った、とも言う。なぜ結婚をし、子をなしたのか。息子の不幸は自分が存在しなければ起きなかったことではなかったか、など、多くの親たちが抱く堂々巡りの問いに、都築自身も苦しんだ。しかし、その痛みは痛みとして放置しておくほうが心安らかでいられるような気もする。逃げるのではなく、突き詰めたからといって答えがないことが集積して起きる爆発は、回避してもいいのでは、と思えるというのだ。解答がない問題を突き詰めることは鉄壁の城砦に立てこもる敵に立ち向かうようなものだ。そのつど壁に跳ね返されて苦しむ。そういうときは「判断停止」をして壁にぶつかるのを回避してもいいのでは？　あるいはまた「祈り」に赴くのがいい。キリスト教や仏教などの伝統的な宗教には共通して「祈り」という言葉で集約できるおこないがある。答えがない問いに苦しむときは祈りに赴くのがいい。祈って心の安らぎを得る。そう都築は考えるようになった。そしてこれは息子の不幸から長年を経たがゆえにたどり着いた結論だと考えている。

しかし自分のなかの理性を説得できても、感情は別である。息子の死から二十六年がたったいまも悲しみ、苦しみがなくなったわけではなく、平穏と思う日常のなかで、ときとして暗雲のような痛みや苦しみが強く姿を現すこともあるという。

「二十六年たったからといっても変わらないものがあります。閉じ込められたマグマが、突然爆発して噴火するように、例えば入浴中に「本当にすまないことをした」という思いが湧き上がり、身の置きどころがなくなってしまったり、足元の地面が崩れ去って居場所がなくなってしまったりするような感覚にとらわれてしまうこともあります。ただ、年月を経たことで少し変わったといえるのは、惑乱してオロオロ取り乱した状態から元の平常に戻る時間が短くなったことかもしれません」

4　苦しみの証言

時間の経過のなかで様々な思いにとらわれてしまうことがある。しかし、「文集に投稿した文章のなかに折々の気持ちを書いてきました。いま悲苦や疑問が湧くとき、前の投稿文を思い出し、そこに立ち戻ることによって、ほとんどの答えを得られるように思っています」と都築は言う。

自分自身が過去のそのときに紡いだ文章によって照らされていることを感じるというのだ。ときに襲う怒濤のような感情を鎮静化させてくれるものも、過去の自分が書いた苦しみのなかに用意されていたということなのだろう。過去の投稿文を読み直すことで文字には残っていない、当時の情念や迷いの痕跡を自分の記憶のなかから呼び起こすことも含まれるのだろう。

都築の文章は、心情を克明に刻んだ testament でもある。この語は「証言」と訳され、法律用語では「証拠」として使われるが、「遺言」「契約」という意味もある。new testament（『新約聖書』）は、神と人との契約を指す。そして test とは「証し」である。都築はどれほどの苦しさをもって「告白」の文章をつづってきたのか。

一九六〇年代、音楽の世界に大きな影響を与えたジョニー・キャッシュのアルバムタイトル、そしてのちにその名前をつけたアメリカの人気ロックバンドも出たのだが、Blood, Sweat And Tears という言葉が思い浮かんだ。……「血と汗と涙」。

以下は都築のまさに全身全霊を込めた証しの引用である。

息子へ——八カ月を経て

初めて文集に書かせていただくことにしました。私は今年一九九四年の初め、息子を亡くしました。二人息子のうちの次男で、二十三歳でした。

息子は大学生で、順調ならばそのときから一年とちょっと、来年一九九五年の三月に卒業というところでした。医学部の学生で在学年限が長く、私はこの子は本当にすねかじりが長いなあと思いながら、しかし私ももう少しがんばればいいんだ、と励んでいたところでした。

子どもの頃は本当に天真爛漫な子でした。成長してからも、ひょうきんで愛嬌があり、おもしろいことを言ったり、まねごとをして見せて家族を笑わせる子でした。

気持ちのやさしい子だったと思います。家族や友達にこまごまと、気を使いすぎるくらいに面倒を見る青年でした。

同じ経験をされた方々の多くがそうであるように、息子の遺品にはほとんど手をつけていません。息子の居室だった自宅の部屋には、たくさんの専門書や山積みになったノートブックがあり、机の上には亡くなる数日前に書いた何かのメモが散らばっています。また臨床実習で使っていた白衣と聴診器があります。白衣は、その胸に息子の氏名を記したプラスチックのネームプレートが付いたままで、何か、明日にでも息子がさっとこれを手に取って出かけていくかのようです。

その部屋に足を踏み入れると、息子の現世の存在が強く感じられて、耐えがたい。部屋は息子がまだそこにいるかのようなたたずまいなのに……本当に人間のいのちははかないものと思えてなりません。

葬儀をしていただいた寺院の住職さんから手紙をいただいたのですが、そのなかに、「二十有余年の丹精、一朝にして消え、さぞかし老《ろう》少《しょう》不《ふ》定《じょう》の教えが身に染むことでしょう……」とありました。老少不定――年上の者が先、年下があととはかぎらない、人間のいのちとは定めないものだ。本当にそのとおりだと思えてなりません。

息子が逝ってからまだ幾日もたっていない日の朝、私は出勤のため駅のプラットホームで電車を待っていました。うつむいていた目を上げると、ほんの十メートルくらい斜め向かいの先に、五、六人くらいの幼い子どもたちの姿が見えました。目の前の線路のすぐ向こうには、線路と同じ水平面で駅前広場があり、その間は柵で仕切られています。そのフェンスに、お母さんに連れられた子どもたちがつかまって、電車を見物していたのです。よちよち歩きの子も、フェンスの金網に顔を押し付けて一生懸命にこっちを見ていました。その一人ひとりの子どもたちの姿が、折しも朝の日の逆光のなかで、後光のように輝いて見えました。

いのちだ、これこそいのちだと思いました。子どもをこんなふうに見たのは初めてでした。

私は、声に出ない言葉で子どもたちに話しかけていました。「おじさんの息子は逝ってしまったよ。それに比べ、ああ、君たちはなんてまぶしく輝いて見えるんだろう。君たちのいのちは一人ひとり本当に大切なものなんだ。同じものは決して二つとなく、そして、失われたらもう二度と作られることができない大切なものなんだ。おじさんは、いまそのことを痛切に感じているよ」と。

いま私は息子に呼びかけたいと思います。

息子よ
君は本当に逝ってしまったのか。
君が逝ったことが、まだ本当には信じられません。頭ではわかっているつもりでも、心は受け入れてはいません。朝、目が覚める。足元の窓が明るんでいる。ああ目が覚めたと思う。すると、さっそく頭に張り付いてくる思い。それは、「もう君がいない」という思い。そしてはっとする。ああそうだったな、と思う。

いつも君のことを考えています。

悲しみをもって、厳粛な気持ちをもって、君のことを思い出します。

私の手帳に買い物のレシートが挟んであります。日付が一九九三年十二月三十日と読めます。

ああ、君はこのときまだ世にあったんだ、と考えます（そのレシートは捨てない）。

君の名前の漢字を見るとはっとします。新聞に出てくる人名や、学校で私が担当している授業の出席簿や、テレビの番組の終わりに画面に流れる出演者や制作スタッフの氏名。そういうなかに君の名前と同じ字が一字でもあると、何か君が生まれ変わってその人の一部分になったかのように感じます。懐かしくて、まじまじとその字を見つめます。

この間、電車のなかで、母親に連れられた兄弟が前の座席に座っているのを見かけました。上の男の子は中学生くらい、下は小学校三、四年といった年格好でした。二人ともマンガ本に夢中でした。兄よりひと回り体の小さな弟。年下のその子は、母親と話す様子も足を投げ出して屈託なさそうな様子も、いかにも弟という身分に甘えているかのような感じでした。その雰囲気がかつての君そっくり。涙が出てきました。

「ちいさな風の会」の会合で、ある方が「どんな年齢の子どもにも、亡くなった子を感じてしまう」と言っておられた。本当にそうです。私も、すべての年代の子に君の雰囲気を感じてしまう。

町で男の子たちを見かけます。青年もいます。高校生、中学生、小学生もいます。その背の高さや、うなじの髪の生え際の様子を見て、ああ以前君もあんなふうだったな、と思います。下校する中学生。紺のズボンに白いワイシャツ。布製の肩がけカバン。私は振り返り、そこに少しでも君の面影を見つけようとします。

この間スーパーで買い物をしていたとき、目の前のベビーカーに乗った男の赤ちゃんが、元気にばたばたと手足を動かしていました。「何カ月ですか?」。お母さんに年を尋ねたところ、八カ月とのこと。零歳の頃、君にもこんなときがあったのだ、としみじみ赤ちゃんを見つめました。

寂しさ、しきりです。

私にとって、ほかは何も変わっていないのに、君だけが、君の存在だけが、ある日を境にかき消えてしまいました。家の外に出てみると、外の光は明るく、草木の香りを含んだ風が頬を撫で、木々の梢がそよぎ、空には雲が行き、同じ町並みがあり、いつに変わらぬ人々が歩き、商店の店先はにぎやかです。だが、私が見ているこの世界に君はいない。ほかの何も変わっていないのに、君のところが、そこだけぽっかりと穴が空いています。

いま、非常に静かだと感じます。君を久しく見ていないという感じがしてなりません。君の姿を見かけません。声もしません。電話もかかってこないし、家のなかで君の動きの気配もしません。食卓で私の向かいの君の席のいすは、ずっと背もたれが見えたままです。寂しいです。

この寂しさは、時間がたつほど募っていくようです。

君は去年一九九三年の十一月、いかにも心やさしい君らしく、「静岡から取り寄せました。食べてください」と手紙を添えて、下宿先から、自然食のジャムの小瓶がいっぱい詰まった箱を送ってきてくれましたね。その「ゆうパック」の箱は、食卓の私のいすのそばにずっと置いてあります。

また君は亡くなる直前、去年の年末に帰宅した際、家の庭に散らばっていた石や煉瓦を拾い集めてきれいに積み上げてくれもしましたね。それもずっとそのままにしてあります。

そういうものを見ると、当然のことながら、これらのことは君のはたらき、君の生命活動が作り出したものだ、とあらためて思います。しかし、いまもう君はそういうはたらきをすることがなく、石一つ動かすことさえありません。そして、ただひたすら静寂のなかにいます。ある日を境になんという違い。これはどういうことなのか、私は理解できないでいます。

最近思うこと――一年九カ月を経て

君の誕生日の翌日、お母さんの里の病院に駆けつけた。お母さんのベッドに小さなかごのような寝台が取り付けられ、そのなかで君は眠っていたね。おむつを取り替えてやったね。二十数年後に、君の死に顔をまじまじと見ることになった。君のお骨を拾うことになった。私の頭のなかで、誕生のときと終わりのときとの間に、スペクトルのように広がる君の思い出。君の一生は短かったから、初めから終わりまで、私の記憶のなかにすっぽり収まってしまっているよ。

◇

あれからまだ一年と九カ月なのに、もうずいぶんと時間が過ぎたような気がする。家のなかに君がいないことが、普段は普通に感じられるようになってきた（だから、底のすり減った君のテニスシューズが、思いがけなくげた箱から見つかったりすると、愕然とする。かってこの家に若者ありき、と思い直されて）。

君の不在が自然に感じられ始めたこと、そのことが君に悪いような気がする。

◇

君が亡くなったときの痛ましさは、薄紙が間に挟まるように薄れてきた感じがする。それと逆に、君がいないことの空虚は大きくなっていく。われに返ったとき、君のいない穴がどーんとある。寂しい。むなしい。

◇

「人の死は年齢に関係なくやってくる。それは人の世の定めなのだ」と、教えられる。たしかに真理だろう。それはよくわかった。

しかし、だからといって、この悲しみは収まるものではない。悟りきれるものではない。

◇

最近知った言葉。私も努めてこのように思っていきたい——。

死はなんでもないものです。
私はただ
となりの部屋にそっと移っただけ。
私は今でも私のまま
あなたは今でもあなたのまま。
私とあなたは
かつて私たちが

そうであった関係のままで
ありつづけます。
私のことをこれまでどおりの
親しい名前で呼んでください。
あなたがいつもそうしたように
気軽な調子で話しかけて。
あなたの声音《こわね》を変えないで。
重々しく、悲しそうな
不自然な素振りを見せないで。
私たち二人が以前面白がって笑った
冗談話に笑って。
人生を楽しんで。
ほほえみを忘れないで。
私のことを思ってください。
私のために祈ってください。
私の名前がこれまでどおり
ありふれた言葉として呼ばれますように。
私の名前が

なんの努力もいらずに自然に
口の端《は》にのぼりますように。
私の名前が
すこしの暗いかげもなく
話されますように。
人生の意味は
これまでと変わってはいません。
人生は
これまでと同じ形でつづいています。
それはすこしも途切れることなく
つづいています。
私が見えなくなったからといって
どうして私が忘れられてしまうことが
あるでしょう。
私はしばしあなたを待っています。
どこかとても近いところで
街角を曲がったところで。
すべてはよしです。

ヘンリー・スコット・ホランド（一八四七―一九一八）イギリスの神学者、聖職者

苦しみと救いと――二年を経て

息子が一九九四年に他界してから、二年が過ぎた。

時間のうえでは短いが、心の遍歴は長いように感じる。いま私は少しは違った地点に動いたのだろうか。一方に変わることのない悲しみと苦しみがあり、他方で生きる力の水位がわずかに上がってきたようにも感じる。

たどっている道に一つの区切りをつけるつもりで、また今後の自分を励ますつもりで、これまでのことを書いてみる。

1、混乱、そして問い直し

「親しい者の死は、残された者にとってそれ以前とそれ以後を分ける経験である。どんなものもそれ以後になれば、もう以前と同じでなくなる」

そのことは世界を一変させた。私に違う人間になれと命じた。突然に、暴力的に。

この世界の人間関係のなかで私にとって必須の要素であり、私の生命の当然の延長として疑わなかった存在が突然消失した。文集十三号でS・Fさんが書いておられたように、まさに「足元の地面が抜けていくような」感じだった。私たちはなんと危険な世界に生きているのだ

ろう。私たちはなんともろく、危うい存在なのだろう。

それまでの私の考えによれば、この人生では自分が精いっぱい努力すれば、まずまず幸福な生活が開けていくはずだった。猛き生命力をもつ子は亡くなることはないはずのものだった。

そうした世界観、人生観、アイデンティティーが突如無効になった。真空状態のなかに放り込まれてしまった。大海のなかに投げ出されてしまった。岸はまったく見えない。こんな世界は生きていく意味がない。

ロバート・フルトン先生は、死別をクモの巣が破れたことに例えられた（一九九〇年来日講演）。そんなふうに世界観や自己像が崩れ去ったままで人は生きることはできない。誰しも、「なぜ？　何が？」と問い直しの問いを発し、「新たな自画像を描く」（若林一美『死別の悲しみを超えて』〔シリーズ生きる〕、岩波書店、一九九四年）のなかの言葉）ことを余儀なくされるのではないか。私も例外ではなかった。私を包む世界について、自分自身について、私たちの生死について、新たな意味づけをするために問い直しをしないわけにはいかなかった。いや、正確にいえば、そもそもこれまで問うたこともない問題だった。
①その人はどうなったのか。どこへ行ってしまったのか。広げていえば、そもそも私たちの生は何であり、どこから来て、どこへ行くのか。
②なぜこのような不幸が起こるのか。何かの意思の結果か。その意思は邪悪な意思か、そうでないか。それともそもそも悪意も善意もない世界の動きの結果か。
③その人に対し私はかぎりない哀れを感じる。その人を慰め、労りたい。その人はもはや慰め

を聞く耳をもたない。なんとか、慰めを聞こえさせるすべはないのか。
④その人に対して私は深い罪を負う。もはやその人には私の謝罪の声は届かない。この罪をあがなうすべはないのか。
⑤このような悲しみ、苦しみから救われたい。その道はないのか。
死生観の問題であった。罪障の問題であった。これまでの自分の卑小さ、罪深さを自らに突き付ける仕事だった。救いの求めだった。

2、道を求めて

私は、宗教的な道を求め、また宗教外の知や助けも求めた。いまなお求め続けている。

信仰との出合いは早く訪れた。それを思うたびに感謝の念が湧き上がってくる。一九九四年三月の半ば、息子の不幸があってからまだ日が浅かった頃、東京の「生と死を考える会」(アルフォンス・デーケン先生主催)の会合に初めて出たとき、一人の人に出会った。会の運営委員の一人で、浄土真宗の僧職でもあるHさんとおっしゃる方だった。看護婦だったお嬢さんががんを発症し、長年の闘病の末に亡くなるのを看取られたという死別体験をおもちの方だった(なぜお目にかかる機縁に恵まれたか。私をH師に紹介してくださった方にも感謝の気持ちでいっぱいである)。会合が終わったあと、夜も遅いというのにH師は私を誘って、二人だけでいろいろ話をしてくださった。目が開かれた思いだった。

東京の築地本願寺で月二回開かれている定例の公開仏教文化講座を、都合のつくかぎり聴講するようにもなった。また、ある一冊の仏教書を読んで心を打たれ、その著者が講師の一人として出る社会人向け講座が大阪で開かれることを知り、矢も盾もたまらず出かけたこともあった。

それらの話はノートに書き留め、目を覚まされるような言葉に出合ったりすると、ああ今日はなんとよかったことだろうと思いながら帰ってくる。それでも疑いや停滞もあった。教義に疑問を感じたり、話者に反発を感じたりしたこともあった。しかしいつもまた同じ道に自然と戻っていった。

宗教外では、生死や人生に関する書物に教えられる。親切に紹介してくださる方がおられ、こうして「ちいさな風の会」にも入らせていただいた。新聞・雑誌やテレビを通じて人の生死や人生の苦しみの問題に触れるたびに考え込むようになった。そんなことは以前はなかった。こうした宗教外の世界でもなんと多くのことを教えられていることだろう。

3、与えられているもの

宗教および宗教外のことから二つのもの、つまり真実の見極めとでもいうべきものと、救いを与えられているといえると思う。

①真実の見極め

「あきらめ」という言葉には「断念」という意味のほかに「明らかに見る」という意味があると教えられている。人生の真相・真実を明らかに見ること、そしてそれにうなずくこと。求道はそのように教える。

私は以前から、生死について、人間の実存について、物事の常ならざることについて何がしかの考えをもっていた。いや、実はもっているつもりでしかなかった。

仏教の教えを聞くようになってから、生・老・病・死は人の根源的な苦しみであるということ、すべての物事は変転して同じところにとどまることがない（無常）ということを教えられた。だが、そうはいってもどうしてこの私と私の家族が、と思い続けるものがあった。

いまは、私たちの生は危ういものであることを認め始め、うなずきつつあるように思える。「ちいさな風の会」も私自身を見極めるはたらきを及ぼしていると思う。ここで仏教の挿話「キサゴータミーの芥子の実」を思い出す。それによると、ブッダの時代にキサゴータミーという女性がいた。子どもが生まれたが病気で突然に亡くなった。彼女はブッダのところへ行き悲しみを訴える。ブッダはキサゴータミーに向かって言う。

「その子を生かしてあげる方法がある。村中の家を回って、人が亡くなったことのない家から芥子の実をもらってきなさい」

キサゴータミーは家々を訪ねて歩くが、そのような家は一軒も見つからなかった。やがて彼女は〝人間の条件〟を悟るに至る。

私にとって「ちいさな風の会」は、まず何よりも、慰めと励ましを与えてくれるものだが、同じような死別の経験を抱える人たちと触れ合うなかで、私自身を相対化して眺めさせるようなはたらきを及ぼしているとも感じる。

私は――自ら実行するのは難しいと感じながらも――次の言葉に共感する。「神よ、私に、変えられないことをそのまま受け入れる平静さと、変えられることはそれをおこなう勇気と、そしてその二つを見分けるための知恵をお与えください」

今年の三月に読んだ書物のなかで、「この世の真理、人間の理法を知るということはどういうことか。それは人間の根源的な苦を見極めることだ」という趣旨の言葉に出合った。試薬を投げ入れると液体の成分が凝固するように、その言葉によって、それまで心に潜在していた様々な観念が寄り集まって凝固した。それは、思想の船が碇《いかり》を投じたかのようでもあった。

②慰め、救い

苦しみのなかで、どれほど自助グループやそのほかの人たちの思いやりや慰めに助けられているかわからない。同じような悲苦に耐えて生きておられる方々を思い浮かべ、どれだけ気持ちが支えられていることだろう。寺院の門徒仲間で私の話を聞いてくださった人の目に光っていた涙が、どれほど慰めになったことだろう。

そして信仰は究極の救いを与えてくれると思う。

苦しくて苦しくてしかたなかったとき、悲しくてどうにも身の置きどころがなかったとき、もう自分で自分を助け起こす力もなくなり自分を支える手を離したとき、不意にその感じが身を包んだ。心が砕けきったどん底のことだった。

私はいま私を超えたものに包まれてあり、それに生かされていると感じている。それは私を現在生かしめているものであるとともに、この生を終えたあと私が戻っていく先でもあるだろう。息子についてもそうだろう。息子もかつて同じものに生かされてあり、いまそこに帰っていった。

次の神谷美恵子さんの言葉はまさに同じ意味であり、共感してやまない。


私たちも、私たちの愛する者も、たとえ死んでも形を変えて、月や星とともに宇宙の中に存在しつづけるであろう。であるから生きることも死ぬこともみなこの大いなるものにまかせて、生の内容を価値あるものでみたして行きたいものだ。生命を支えるものは死をも支え、地球や銀河系や宇宙全体を支えるものだ、としか私には考えられない。

（神谷美恵子『人間をみつめて』みすず書房、一九八〇年）

4、新たな生へ

二年前に求道を始めた頃、築地本願寺の講座で講師がある著名人が物故したことに触れて、「〇〇先生はお浄土に帰っていかれました」と言った。浄土に帰る……その表現に私は違和感を感じ、空々しさを感じた。いまはそのことを自然に感じる。

たぶん私は変わったのだろう。いつの間にそうなったのだろうか。最初に掲げた問い直しの問いに、いまはなんとか答えが出せるようにも思う。

フルトン先生の言葉を続ければ、「喪失の悲しみはクモの巣が破れてそれをつなぎ合わせていくような体験だ。穴の痕跡は残り、元どおりの形にはならないが、元のとはまた違った性質の巣を作ることができる」。私の周りも、私自身も、以前と同じではない。それを受け入れながら、生きる力が少しずつよみがえってきているといったらいいだろうか。

そうはいっても、もう悲しみのこみあげや無力感や空虚感がないというのではない。何かの折に息子の不在にはっと気づいて、体が崩れそうになることがある。われに返ったとき心のなかに大きな空洞を見つける。空々漠々とした思い。

先日、テレビで山の番組を見た。日本アルプスのどこかの山の頂上から見た映像で、はるか遠く雲の上に乗鞍岳が輪郭を見せていた。たちまち、息子が中学三年のときに一家で乗鞍に登ったことが思い出された。あのころはみんな元気で幸福だった。次の瞬間、それにひきかえいまは、と深い絶望感におちいった。

理性面では現実を受け入れていそうでも、情緒面の深いところではそれができない、というわけだろうか。

たしかに生きる力の水位は少し上昇しかけている。それは前と違う。その一方で、心には依然悲しみと苦しみが残り続けている。

思うに、信仰による救いであれ、なんの癒やしであれ、悲しみや苦悩がすべて消え去るということはないのだろう。それは並存していくものなのだろう。

日曜朝のNHKテレビ『こころの時代――宗教・人生』のなかで、カトリックのカルメル会日本管区長の奥村一郎師が言っておられた。「地上にあるかぎり完全な平安はありえない。一方に信仰、他方に不安と焦燥、というのが信仰の現実の姿であろう」

私の帰依する仏教の教えでは次のようになるだろう。「それでいいのだ。人間は弱い。苦しみを克服することはできない。あなたが苦しみに泣くのは止まらないかもしれない。だが、それだからこそ、ますます仏はあなたを哀れみ給うて慈悲のなかに抱き留めるのだ」

私は私を支える力のあることを思い、精いっぱい生きていくことにしよう。

息子を忘れて楽しみにまぎれるのではない。どうして忘れえようか。心のなかに生き続ける息子を追憶し続けよう。いっぱい思い出してやろう。そうするにもまず、私が生きる力を取り戻して生きることが肝心ではないか。

以上は心、精神の次元のこと。現実の生活の組み直しの問題はこれからだ。

去年、足に手術を受けた。日帰りの簡単な手術だったが、しばらく歩行杖の助けを借りて歩いた。小さな患いでも急に心細くなる。こんなとき、もし息子が健在であったならば、きっとしきりに気遣ってくれただろう。どんなにか心強いのに。そうした思いが去来してやまなかった。今後、息子が亡くなったことの現実的な意味を様々知ることになるだろう。

私は老後の多くを息子に頼る意図はもっていなかったが、それでも息子が存命であれば、頼りになっただろう。それはもう期待すべくもない。

老いに向かうなかで、息子亡き今後の現実生活をどう生きていくかは重大な問題に思われる。しかし、心が救われれば、そうした現実問題に取り組む力も、なおいっそう湧いてくるというものだろう。

私は、精いっぱい生きていかなければならない。心弱くなったら、称名念仏し、自分を抱き留めてくれるものを思い、自分自身に声をかけて生きていこう。いざ生きめやも、ではないか。

一九九六年夏、北海道――永生の思い……二年半を経て

私たちの最愛の者たちはどこへ行ったのだろう？　無になったのでもなく、遠くへ行ってしまったのでもない。目にこそ見えないけれども、私たちのそばに、ずっとうち続く存在としてある。のこされた者のそういう思いは、少なからぬ方々が「ちいさな風の会」の集会で口にしたり、文集で語っているが、なんと慰められることだろう。

それで思い出すことには、

私はただ
となりの部屋にそっと移っただけ……

というヘンリー・スコット・ホランドの詩も同じ趣旨だし、司馬遼太郎さんが開高健さんの葬儀で読んだ次の弔辞も同じようなものだと思う。

まことに空《くう》というものは、いいものであります。空の考え方にあっては、死者と呼ばれる大兄はこの会場にあまねく存在し、目の前の花でもあり、空気でもあり、われわれ自身

でもあります。

亡くなった者が目の前の花であり、空気でもあり、要するに、至るところに存在するものだという考えには、この頃共感を覚えてならない。

今年の夏、北海道の知床半島に一人旅をした。その旅先で図らずも、右のような思いがしみじみと感じられることになった。

道東は初めてだった。八月のその日、快晴の知床は関東地方の五月中旬くらいの気温で、空気は澄み渡り、目にする山や森の輪郭には少しの曖昧さもなかった。山が迫った海岸沿いの道路をバスが走っていくと、森の道端には、どこまで行っても丈の高いイタドリの緑の草むらが風にざわめいていた。

ウトロの港から、半島を海から眺める観光船に乗った。冬は流氷見物の砕氷船になるというかなり大きな汽船に乗って、半島の中ほど硫黄山沖まで行って折り返してくる一時間三十分の航海だった。

オホーツク海は、空も海も、真夏の明るい紺碧だった。滑るように船が行く海はうねりがなく、さざ波だけが揺らいでいた。波の色は、水が光を受ける角度によって群青、コバルトブルー、青藍色、青緑……名もつけようのない様々な色調の青がそこにあった。

船の最上段の展望デッキに上ってみると、右手には磯波が白く砕ける断崖が続き、崖のところどころには大小の滝がかかり、その上には緑をたたえた山々があった。サケが上るという岩尾別川は、山の沢がいきなり海に出たかのように流れ込み、大きなカムイワッカの滝は緑の山腹から突然現れて、白いすだれをかけて海に落ちていた。目をやると半島は水平線のかなたに消えていた。はるか遠くに断崖が切れた谷が見え、羅臼側から山を越えてやってきたらしい霧を海面に吐き出していた。なんという自然だろう。

息子の不幸があって以来、美しいもの、楽しいもの、心打つもの、生きがいを感じさせるもの、つまり、生きる喜びを感じさせるすべてのものに接するたびにいつも、逝った者のことが反射的に頭に浮かび、その者はもうこんな生の喜びを味わうことはないのだという思いがこみあげ、哀惜の感情が胸を締め付ける。そのときもデッキに立って思わずにはいられなかった。息子よ、お前がもし永らえてあったならば、いつかはこうした場所を訪れて、お前の感覚器官いっぱいに、この海の色と、日の光と、風を感じることもあったろうに。ここには私が立つのではなくて、お前が立っているべきだった。見るべきほどのことも見ずに逝ってしまったお前よ……。

戻りの航路では、船室に入ってしまう人が多く、行きと違って船べりに船客はまばらになり、ゆったりと見物することができた。中甲板に下りて手すりに寄りかかると、水面は目の下にぐっと近くなって過ぎていく。今度は左舷に眺めるようになった断崖に船が近寄っていくと、ウミウの群れが、絶壁のわずかな岩棚に危なっかしそうに（と人間の私には見えた）止まって羽を休めているのが見えた。こんな場所にも生き物たちがいる。彼らはそこ以外に生活することは考えられないとでもいうように、悠々と羽を広げて休んでいる。

ああ、これは杜甫の詩と同じではないか。

「寂寂《せきせき》として春は将に晩れんとし、欣欣《きんきん》として物は自ら私す」（「江亭」）。詩人が失意の心を抱えて夕暮れの春の野を眺めている。日は静かに暮れようとしているが、その様子を眺めていると、詩人には、景色のなかのすべてのものが、それぞれのあるべき場所にいそいそと収まっているかのように感じられてくる、というのだった。

私がいま見ている自然は、本当は生き物たちの生存の厳しい闘いがあるのに、私はただその表面を見ているだけなのかもしれない。だが、この景色はなんとあるがままで、岩や波、鳥たちは、なんと自然にあるべきところに収まっているように見えることだろう。眺めているうちに、何かしみじみと、本当にしみじみとした気持ちになっていき、どこからとも知れぬ声を聞くかのようだった。「いいんだ、いまこのまま、あるがままでいいんだ」。喜怒哀楽の自我が消えていき、私の体も、胸の奥の悲しみも、目の前の景色のなかに溶け込んでいくかのようだった。

神谷美恵子さんの言葉を借りると、自然こそ人を生み出した母胎であり、いつどのようなときでも傷ついた者を迎え、癒やしてくれる。みじめで支離滅裂な私のまま、黙って受け入れて包んでくれる。

そう、しばしあるがままにここに身をゆだねていたらいいのだ。私もこの自然の一部であり、ここに身をゆだねていたらいいのだ。たしかに自然は癒やしと慰めを与えてくれる。私は年古《ふ》りて感動が乏しくなり、山や海を見に出かけても大したことはないという気持ちになっていたところへ、息子の不幸に見舞われ、大自然といえどもこの傷は癒やしはしまいと考えるようになっていた。だが、こうしてここに来てみると、それが誤りだったと思えてくる。ときには手つかずの大自然のただなかに身を置いてみるのはいいことなのだ。ああ、来てよかった……。船べりに寄りかかり、しばらくの間しみじみと慰めの感じを嚙みしめ続けた。

千変万化の青い色をしたさざ波が相変わらず目の下を流れていった。そのとき――、

ぼくはここにいるよ
ほら目の前に
こんなに遠くまできても
一緒にいるよ
お父さんの心のなかに
この自然のなかに

そんな声が心のなかで聞こえたように感じた。

そうだ、お前はそこにいるんだ。お前をこの世の生のなかに送り出したもの、自然でもあり、人間を超えた大いなるもの、そこに返っていき、いまそこに抱かれてある。そして光となり、風となり、私の行くところどこにでもいる。いつも私の心のなかにもいる。そうだ、いま私たちは一緒に旅をしているんだ。

君は目の前の光であり空気であり
君は目の前の光であり空気であり
わたしは空を吹くあまたの風
わたしは空を吹くあまたの風……

船が港に戻るまで、そうした思いと言葉を繰り返して、自分自身に言い聞かせ続けていた。

秩父にて――三年を経て

一九九七年四月三十日、有志のみなさんと埼玉県秩父の札所巡礼に出かけ、五つのお寺を回りました。最初の日は一番寺から四番寺まで回り、高篠鉱泉郷の旅館に一泊しました。仲間は死別から二、三年という方々がほとんどでした。

私たちは、新緑と知ってこの季節を選んだのですが、私は花の季節でもあることを忘れていました。秩父の里は行く先々で百花繚乱でした。人家の庭先で、畑のあぜで、寺の境内で、ツツジ、カキツバタ、フジをはじめ、ボタン、ミヤコワスレ、クマガイソウ、ボケ、スミレなどが咲き乱れていました。

この二日間はただ旅行だけではなく、私にとって心がほどけた時間でもありました。私たちはただの旅行仲間ではありませんでした。

皮膚の下には噴き出しそうな何かを抱えている仲間でした。そして、時折湧いてくる思いをいつでも口に出せる、聞いてもらえる、そんなグループだったと思います。問わず語りに誰かがぽつりと口を開くと、ほかの誰かが語りだすというふうでした。山道を歩きながら肩を並べて歩く人との間で、また山の上のお寺で弁当を食べながら、あるいは別のお寺でぱらつくにわか雨を避けて座った休憩所のベンチで、あるいはもう一つのお寺でパーゴラの下に腰を下ろし青い風に吹かれながら、湧き出てくるめいめいの思いが自然に語られました。宿では夕食後、一つの部屋に集まって語らいをもちました。そうしたすべての場を通じて、お互い詮索し合うことなく、かといって沈黙がちではなく、ほどよい会話がありました。

私たちは背を丸めてとぼとぼ歩く一行ではなく、山道を歩く姿は意外にも元気で、道々目に入ってくるきれいな花々に歓声を上げ、互いに花の名前を教え合い、宿の夕食は目を細めて賞味したのでした。みんながずっと沈んだ気分でいるのではないか、と予想していた私には、そういうことが驚きでした。

仲間のそんな姿を見ると、あたかも心になんの苦悩ももっていない人のように映ります。本当はその反対なのですが、ではなぜ、うちしおれたままでいることはなく、きれいな景色や花々を見ると普通の人と同じく歓声を上げて喜びを示すのだろうか、と思いました。

最愛の者との別れを見ることを強いられた目だからこそ、極限の淵を直視させせられた目だからこそ、新緑に揺らぐ木々をまぶしく美しいと見たのではないでしょうか。

さらにいえば、死別から二、三年という時間に隔てられたという事情はあるでしょうが、人間の生命力というものがそこにあるのではないかと思いました。もちろん、口には出しませんが、めいめいの心中には、時折胸締め付ける悲しみ、ふっとよぎる空虚な思い、無力感、そういったものが依然として存在しているでしょう。しかし、日常、職業や家事に向かうときは、胸中の思いを振り切って、それらに立ち向かっていくはずです。また、こうした余暇に、美しいものや楽しいものに出合えば、おのずと心が動きます。

神谷美恵子さんの著書『生きがいについて』（みすず書房、一九六六年）のなかの言葉を思い出します。

愛する者に死なれたひとは、もう生きて行きたくないとおもうような悲観のどん底にあっても、なお自分の肉体が食物を欲することを悲しむ。生きがいをうしなったひとは、いわば肉体にひきずられて生きて行く存在である。しかし、いかに精神が肉体をうらめしく思うことがあっても、生きがい喪失という危機をのりこえさせてくれるのは、この場合、肉体の生命力そのものかも知れないのである。深い悲しみが生の流れに投ぜられた石だとしても、流れは常にその石によってせきとめられてしまいはしない。たとえその石を動かすことができなくとも、それをのりこえてやまないのが生命の力であろう。ひとは悲しみの中からまた立ち上がり、新しい生き方を見いだし、そこに新しいよろこびすら発見する。

もっとも、私たちは以前と同じではありません。いま私たちが何事かに喜びを感じ取るとしても、それは手放しのものではありません。

神谷さんによれば、「しかし、ひとたび深い悲しみを経てきたひとのよろこびは、いわば悲しみのうらがえしされたものである。その肯定は深刻な否定の上に立っている。自己を含めて人間の存在のはかなさ、もろさを身にしみて知っているからこそ、そのなかでなお伸びてやまない生命力の発現をいとおしむ心である。そのいとおしみの深さは、経てきた悲しみの深さに比例しているといえる」。

無心に花を愛でていた仲間たちの姿は、私も含めて、神谷さんがここで言っているとおりだと私には感じられてなりません。

六年を経て息子へ

君のことで後悔し慚愧しています。

その理由の一つは、君の生前、君と私との交わりがどちらかといえば薄かったことです。とくに君が高校生になってから以後そうでした。対立や反発のしあいさえありました。また、君の兄のほうには初めての子どもということで目をかけたけれど、次男坊の君には私はあまりかまいませんでした。そのうえに、自分の職業が忙しく、それにかまけて君との接触が少なかった。

しかし、君をなおざりにしたわけではありません。それはたくさん一緒に遊んだし、勉強もみました。君に中学を受験させるときはずいぶんと勉強を手伝いもしました。君の部屋に私の机を持ち込み、勤めから帰ってくると晩酌を断って下調べをし、手製のプリントも作って、毎日君に教えました。それを一年半も続けました。しかし、練習問題集の上で君と額を突き合わせていても、それは仕事の打ち合わせのようなものでしかなく、君の魂に触れてはいませんでした。

君と私の関係はこの宇宙で一期一会のことなのにそれに気づかず、君の十代後半からあとになると、私はただうわべだけ君を見て同じ屋根の下で暮らしていたような気がします。君の本当の「いのち」に触れてはいませんでした（家族というものは普通そういうものだ、誰かが病気や事故で死に瀕したり亡くなるなどのことがなければ、家族のいのちの底をのぞき込むなどあることではない。親しい人と別れてはじめてその人と出会う旅が始まるのだ――そんなことを聞いたこともありました。私だけが例外ではないのかも、と思ってみたりもします。でも、そうだとすれば、人間はなんと悲しい存在でしょう）。

君は君で十代後半から父の私を乗り越えようとしていました。いきおい反目が多くなりました。君が冷たい人間だったわけではありません。その正反対でした。あれは君が亡くなる一年半前、二十二歳のときでしたね。私が仕事のことである難題を抱えていたら、それを見た君は、頼みもしないのに、こんな機会ができたのを喜ぶかのように、うれしそうに私を手伝ってくれました。そのときの君は春の暖気のようにやさしかった。私はそのやさしさに目を細めました。

君は当然ながら反抗期をもちました。そしてその反抗がまだ尾を引いていたと思います。そうした時期に君は逝ってしまった。君といちばん悲しい別れ方をしてしまいました。君が私を理解し、私が君を寛容な目でみる、そんな時期がいつか必ず来ただろうと思います。子は親の年代にならなければ親のことがわからないといいます。私のほうも、大人の苦労を様々味わう君を見て、人生の同志として接するようになったでしょう。必ずやしみじみした親子関係が生まれたはずです。

慚愧の極みです。

こんな話が新聞に出ていました。

背筋がぴしっと伸びている、そんな感じの明治男でね。口うるさく言ったり、手を上げたりすることはなかったけど、雰囲気は厳しかった。（略）家にいるときも、いつも晩酌でしたね。寡黙に家族の話を聞きながら独酌で。（略）七年前、まだ僕が北海道の自治労にいたとき、おやじを飛騨・高山旅行に連れていったんです。（略）旅館でね、「たまに背中を流すかい」と誘って一緒にふろに入った。一緒にふろに入るなんて何十年ぶりだった。とりとめのない話をしながら背中を流していたら、おやじが急にしゃべらなくなって。そしたらふろおけから湯をくんで、何度も顔を洗うんですよ。泣いてたんです。死んだのは、その翌年、八十二歳でした。

（自治労委員長・後藤森重「コラム　おやじの背中」「朝日新聞」一九九六年十一月十八日付）

これを読んで私は泣きました。そう、いつの日か君が私を旅行に連れていってくれ、風呂場で私の背中を流す。私はお湯をくんでは顔を洗い、あふれてくる涙と泣き顔をごまかす。そんなふうになりたかった。本当に、そんなふうになりたかった。

幸いなことに、「ちいさな風の会」の文集が君に語りかける機会を恵んでくれました。この機会にあらためて君に告げましょう。私は満腔の慚愧と哀惜をもって、いのちあるかぎり君をしのび続けます。

「いのち」を見つめるということ——七年半を経て

二〇〇一年九月一日、東京で「ちいさな風の会」主催の高史明さんの講演会に参加して感銘を受けた。

救いが何であるかを理解するには、宗教の教義を勉強するのもさることながら、現に救われてある人に会って目の当たりにするのがいい、そう阿満利麿さんが著書のなかで書いておられた。私にとって、一九九九年十二月、立教大学の公開講座以来、二度目の出会いだった。うれしかった。

今回の講演の要点の一つに、人の「いのちを見つめる」ということがあったと思う。

高さんは、ご子息が亡くなられる前夜、夕べの食卓で、ご子息が異様な集中をみせて一冊の本に読みふけっていたことをお話しになられた。その本が夏目漱石の『こころ』だと知って高さんは「『こころ』は名作なんだ、そんなに急いで読まないでゆっくり味わって読んだらどうだ」と言い、ご子息は「はい」と答えて二階の自室に戻っていったという。高さんは言う、あとで思うとそのときの返事の声は何か言いたげであり、寂しそうだったように思える。実は、ご子息のなかで自分探しが始まっていて、言いたいこと、尋ねたいことがいっぱいあったはずだ。だから、「それは名作だ」ではなくて、「それはどういう本なの?」と尋ね、対話のきっかけにすべきだった。私は子の寂しさに鈍感だった、子が深い寂しさから救いを求めて差し伸ばしてきた手を、邪険に払いのけていたのではなかったろうか、と(以上、高史明『深きいのちに目覚めて』〔弥生書房、一九九八年〕、同『現代によみがえる歎異抄』〔(NHK人間講座)、日本放送出版協会、二〇〇一年〕、および九月一日の講演会に基づく)。

この問題は、他人の苦しみや悲しみのおののきに私が共振するという問題なのだろうと思う。人のいのちを見つめるという問題である。見つめて、相手を利害・愛憎の色メガネではなく、相手のいのちそのままを見る、そして物言わなくとも相手の心を洞察し、声にならない声を聞く。

そのためには、他人の心に対して感情移入をし、洞察をはたらかさなければならない。集中し、時間をかけ、真心をもってそうしなければならない。しかしながら、これは容易なことではない。至難といってもいい。たとえ身近な家族に対してでさえ、そうではないだろうか。

この問題を的確に表現した講演記録があるので、少し長文にわたるが引用してみよう。講演者の梯實圓《かけはしじつえん》さんは、浄土真宗本願寺派の教学の要職にあるお方である。一九六〇年代末、梯さんは八十三歳の母上を亡くされた。心臓を患い、ほとんど寝たきりの状態が長く続いていたという。当時母上は兵庫県に、ご本人は大阪に住まわれていた。梯さんは言う。

私はその頃ときどき見舞いに行き、一晩泊まって大阪に帰ってくるわけです。(略)子供の時分は母親がずっと添い寝をしてくれたものですが、今度は私が添い寝をする番で、隣に寝まして、手足をさすってやりますとたいへん喜んでくれます。それであくる日に帰るというときに、「それじゃあ帰りますから。また来ますからな」と言って出掛けようとしたら、母親が寝間から「もういっぺん顔を見せてくれ」と言うんですね。それで「どうしたの?」と言って近くへ行きましたら、また「もういっぺんよく顔を見せてくれ」と言うんですよ。

その時分、母は老眼に加えて軽い白内障が出ておりまして、ちょっと目が疎くなっていたのですが、その疎い目でじっと見つめるようにして私の顔を覗きこむのです。それで「どうしたんですかいな」と言ったら、「もうこの世ではお前の顔を二度と見られないかもしれないから、見られるうちにもういっぺん見ておきたいんだ」と、こう言うんですね。なにか全身に電気が走るように感じました。そのときに私は、「いのち」を見る眼というのがあるんだなということをフッと感じました。「よく見せてくれ」と、じっと覗きこむようにして私の顔を見つめる、あのときに母親の心に映っていた私の顔とは、いったいどんなだったろうかなと、そういうことを、今つくづく思うのです。

　私たちはふつう、昨日があったように今日があり、今日があったように明日があるだろう、そしてここで別れてもまた会いましょうというふうなかたちで、さらっと会っては別れ、会っては別れしているわけです。しかしそのときに、はたして何が見えているんだろうかという感じがするんですね。それはかすかな「いのち」の影しか見てないんじゃないか。むしろ「いのち」というのは、もう二度と再びこの子の顔を見ることができないかもしれない、本当にもう二度と再びこの愛するものの顔を見ることができないかもしれないという、そういう思いをこめてジッと見つめたときに、はじめて目の前に立ち現れてくるのが、私は本当の「いのち」というものではないだろうかと思うのです。私たちは単に生きている人間を見ておれば、それが「いのち」を見ていることだと言ってはいけないと思うんです。たしかに生物としての人間を見ていたとしても、それはただ「いのち」の影しか見てないんじゃないか。私どもは生涯に本当に「いのち」にふれるということは、そう幾度もないいんじゃないかなと思います。（日野原重明／信楽峻麿／早川一光／梯實圓『ゆたかな老いと死』〔ビハーラ講座〕、同朋舎出版、一九八九年、一四五―一四七ページ）

真実に触れた、教えに満ちた話だと思う。

しかし、私は高史明さんのお話、梯さんの文章を理解しても、実行が伴わない。自分の忙しさにかまけ、いや、何よりも私の抜きがたい自己中心性によって、人のいのちを見つめることはまずしない。自分が責任ある家族や縁ある人々のいのちの底の底を見つめることはめったにない。家族に対して私はうかうかと軽薄に、鈍感な目でそのいのちを眺めて過ごしている。むしろ係累の責任から逃れたいために、意図的に鈍感になっている。なんのために高さんや梯さんの教えに接したのかわからない。いや、接してなおそうであるだけ性悪で、どこまで罪悪深重であるかわからない。

梯さんは、先に引用した部分に続けて「いのち」を見つめることはどういうことなのか、例を挙げて説いている。同じく教えに満ちた話だと思う。終わりにこれを引用したい。この文は「花」を「人」と置き換えて読むことができる。私は、今後ずっとこの文章を自分に読み聞かせていかなければならない。

たとえばここにきれいな花がこうして生けられています。たしかにきれいなお花ですね。しかし花を見ている人は多いのですが、花の「いのち」にふれる人というのは案外少ないのではないでしょうか。たとえば、ただ花を「きれいな花だなあ」と見ております。それだけじゃなしに、「このごろの花は高いからな、あの百合は一本いくらするのだろう」と言って見ているのは、それは花を見ているのではなくて、値段を見ていることだと思います。「私は百合も好きだけれど、菊のほうがもっと好きですわ」と言うときは、自分の好みを見ている。（略）あの一輪一輪の花は二度と再び咲くことのできない花のいのちをただ今ここに開かせているわけです。この一輪の花に、いわば天地の生命が凝集しているような、そういう姿が見えてこないと、花のいのちが見えたことにはならないんじゃないですかね。(略)この地球上に生命が発生してからおそらく三十億年以上にもなると言われていますが、その三十億年以上にもわたる生命の歴史、それがこの一輪の花のなかに凝集しているはずなのです。(略)その一輪の花のもっている無限の深さと重さというものが感じられないと、花の「いのち」を見たことにならないんじゃないでしょうか。

(同書一五八—一五九ページ)

5　思いを書くことの効用

会を離れてから十八年。その日々は一人暮らしになってからの時間とも重なる。名実ともに息子と一対一で対峙した時間でもあった。

振り返ると、都築にとっては文集に書いてきたことが、自分が歩む道を示しているように感じるという。何か行き詰まったときなど、文集を開くと、そこになんらかの答えを見いだすことができる。過去の自分の苦しみが、いまの自分を照らしている。

会の文集に書いたこと、「書く」ことの意味を都築は、あらためて分析するかのように、以下の文章に新しく記している。当時は、明確に意識していたわけではなく、とにかく必死に書いてきた。

都築自身も書いているように、専門家の分析的な研究のなかには感情を言語化すること、組み立てることで客観視できるようになることなどが、悲しみと向き合って生きるうえで大切のようにいわれている。だがそれは同時に、体験した当事者として、自分が経てきた道筋を振り返り、再評価する文章でもある。

書くことに救いがあった――文集に投稿して

はじめに

私は一九九四年に二十四歳の次男を亡くしました。「ちいさな風の会」には翌九五年に入会させていただきました。会にはどれほどお世話をいただいたことでしょうか。言葉にできないほどです。また仲間の皆様にもたいそうお世話になりました。長い年月を経た今、あらためて感謝を申し上げたく思います。

会は三十二年の歩みを続けてきました。その運営にはどれほど非常な熱意と努力があったことでしょう。若林先生の献身に対して深く感謝し、敬意を表したいと思います。

文集にはたくさん投稿させていただきました。入会して「ちいさな風の会」に文集があって投稿できると知り、無性に書きたくなりました。胸の内に湧いてくるもの、もやもやとしたものをはっきりと表したかったのです。文集には毎号投稿させていただきました。なぜそうしたのか、いま思うに、ひと言でいえば、思いを文章にすることで何か救われると直感したからだと思います。その直感は正しいものでした。

書くことは自分にとってどんな意味があったか、深く考えたことはありませんでしたが、ここで振り返って掘り下げてみたいと思います。

要約すれば、私にとって「書くこと」には次のような意味があったと思います。

1、悲しみの感情を和らげた（表出による感情の緩和、または心の解放）。

2、事柄をはっきりと認識するのに役立った（認識の明確化）。

3、心に湧いた考えや感情が記録されることであとでなぞりやすくなった（想念の固定）。

4、逝った者の一つひとつの思い出について言葉の碑を建てることになった（思い出の建碑）。

いま四つに分けた「意味」は、この原稿を書くにあたって初めて、当時の自分の心理を分析したものです。心理学の分野ではこうしたことは研究がなされていて、べつに事新しいことではないかもしれませんが、実際に経験をした当事者として振り返ってみたいと思います。

1、表出による感情の緩和

不幸があってから私の心のなかに様々な感情と想念が湧きました。五臓六腑を裂くような悲しみ、喉が張り裂けんばかりの号泣、哀切の極みなる思い、亡き者の思い出に取りすがる哀惜の念、痛恨と後悔、身をさいなむ自責、不可解感と不条理感、自分の存在の足元からの崩壊感、世界の無意味化、幸福なりし過去を思うひたすらなる懐旧の情……（以下、こうした感情や思いを「想念」という言葉でひとくくりにします）。しかも同じ想念が何度も何度も繰り返して起こってきました。それらはその当時の自分にとっては、ごちゃごちゃ、もやもやとして形がありません。

実体がつかめない想念ほど心に惑乱をもたらすものはありません。私は実体不明の不安と直面しなければならず、心が乱れに乱れました。その混沌、カオスは苦しく、放置しておくことはできませんでした。

新聞の人生相談で専門家がよくいいます。「不安は言葉に表現してみるといい。その不安が何であるかがよくわかる、客観化できる」というのです。

カタルシス（katharsis）という言葉があります。「浄化」という意味で、本来の意味は、文学作品などを鑑賞する際、そこに展開される世界へ感情移入をおこなうことで抑圧されていた感情が解放されるというものでした。とくに悲劇作品がもたらす効果としてアリストテレスが説きました。

これが転用され、精神分析の分野において「無意識の層に抑圧されている心のしこりを外部に表出させることでそれから解放される治療法」とされました。きっとコンサルティングもこれの延長線上にあるのでしょう。

想念を文字にして文集に投稿することは、私にカタルシスをもたらしたと思います。毎号原稿を書き終わると、そのつどほっとした思いがありました。心の解放。このカタルシスは、私にとって書くことの意味の第一でした。

2、認識の明確化

文集に投稿するためには、イイタイコトを整理し、なるべくはっきりとしたものにしなければなりません。漠然、曖昧模糊とした考えや感情を文字化する前に、これはいったい何だろうかと突き詰めて考える必要があります。ピントを絞り込み、事柄をくっきりさせ、クリアカットにしなければなりません。

例えば、「悲しい」という感情について、「これこれであることが悲しい、つらい」などと書き記していくと、その内容がよくわかってきます。また、亡き人の思い出を文字にすれば、その人がどういう人でどういう生活をしていたか、自分との関わりがどうであったか、などがはっきりしてきます。

それは、誰よりも、まずもって自分によりよくわからせることでした。「ああ、これはそういうことなんだ」と自分にはっきりと認識させ、自分自身に事柄の本質を認識させることでした。

また、文に綴るにあたっては、より適切な表現にするために言葉や言い回しを選ばねばなりません。この作業も自分自身によりよく現実を認識させるのに役立ちました。

もし文集に投稿するのでなく日記に書く、あるいはノートにメモを書き留めるだけだったならば、そこまでの作業はしなかったでしょう。公表するという条件があったからこそ、できるだけよりよく考え、よりよく言葉を選ぶことになったと思います。文集という場、機会があったことは本当にありがたいことでした。

認識の明確化は次の「3、想念の固定」の前提であり前段階でありました。

3、想念の固定

コリン・マレー・パークス（一九二八―）というイギリスの精神科医がいます。グリーフケアの大家ですが、その人が言っています。

愛する者を亡くした人は、喪失に伴うありとあらゆる思いに直面することになる。

そのとおりだと思いました。私にはあらゆる想念が湧きに湧いてきました。しかも同じものが何度も繰り返して起こるのでした。

心理学用語で「再認（recognition）」という用語があります。その意味は、「過去に経験した事物や事象と同一のものを再度経験するときに、それを「熟知感」をもって確認すること」というものです。

想念を文字化し記録しておくことはまさに「再認」を手助けします。人が過去のある経験を思い出した際に、「ああ、これはあれと同じではないか」という熟知感をもって再認するのに役立ちます。その場合、再び心を迷い乱すことは、より少なくなるでしょう。

目に見ゆるこころの如くナプキンのかたちやさしくたたまれいたり

（大西民子『歌集 印度の果実』〔短歌新聞社文庫〕、短歌新聞社、二〇〇二年）

そう、「想念」を目に見える形に書き留めるということは、ナプキンやハンカチをきちんとたたんでクローゼットの引き出しにしまうことに似ています。あとになって思いがこみあげてきたとき、引き出しを開ければ、「この思いはあのときのあの思いと同じ」と熟知感をもって再認できます。

別の例え方をしますと、養老孟司さんのような昆虫採集家の住まいを訪れるとします。その人の書斎に行くと膨大な数の標本がピン留めされて並んでいるでしょう。想念の文字化はこれに似ています。文字化することによって想念の一つひとつをピン留めし固定するようなものです。

そうすると、その後同じ思いが再度起こった場合、すでにはっきりと文字に表現されているので、人は「ああ、再びあの思いが」と受け止め、前に文字化したものをなぞることでしょう。想念が曖昧な無定形のままであるならば再び不安をかき立てるでしょうが、もうはっきりと認識されています。いったんは悲しみに落ち込むかもしれませんが、前のように心乱れることは少ないと思います。例えていうならば、想念の固定化により、いわば抗体ができて不安に対して免疫がはたらくかのようです。

誇張でなく、私は自分の内の想念をありったけくみ尽くして文集に書いたと思います。コリン・マレー・パークスがいう「ありとあらゆる思い」のほとんどすべてを書いたように思います。ただし、プライバシーの許す範囲内において、でしたが……。プライバシーの許す限り、大小を問わず想念を書き記して投稿しました。その結果、その後に再来する想念は、だいたい文集のどれかの引き出しにしまわれているということになりました。

例を一つ挙げましょう。私はいまでも何かにつけ次男のことを思うと「今年は五十歳か。孫がいれば男の子か女の子か。もう高校を卒業したか」などと考えざるをえません。いわゆる「死児の齢《よわい》を数える」心理です。これと同じ思いについては、一九九七年文集の冬の号に投稿した「心象――一九九七年夏・秋……三年半を経て」という文章のなかで、「死児の齢」という小見出しをつけて書きました。いま、「もし次男が生きていれば……」と思うときは、これはあのとき書いたものと同じ心境だ、と再認します。そうすると踏みとどまれる感じがします。あたかも過去の自分がいまの私を支えるかのようです。

4、思い出の建碑

逝った人の思い出を文字にすることは、言葉でその人の碑を建てることだと思います。思い出のなかには当然悲しくつらいものがあります。しかし、それら悲しい記憶もその人の存在の様々な側面の一つであり、それを書き留めることは意義のあることだと思います。

次男の記憶は、誕生から亡くなるまで、スペクトルのように私の心のなかに収まっています。それを文字にすることは、思い出の一つひとつを、彼が生きた時間の一つひとつを、目に見える形で表すことでした。

ずいぶん前のことですが、ある一つの置物を見ました。それは透明なプラスチックの四角柱で、長さは鉛筆くらい、断面は太めの羊羹ほどです。目を見張ったのは、その中に小さな美しいものが閉じ込められていることでした。私が見たのは、きれいな玉虫の羽が一枚、七色に光って透明な四角柱の中に、斜めになって閉じ込められているものでした。あたかも玉虫の羽が空中に落ちもせずに静止しているかのようで、それは美しいものでした。

さて、亡き人の思い出を文字に書き記すということは、その思い出をプラスチック柱の中に封じ込めることに似ています。書き記した文章の数だけ置物ができます。思い出は、いわば、透明なプラスチックの中で、落ちることも消えることもなくとどまっています。文集に思い出を書いたことは、息子が生きた一つひとつの時間の記念碑になったと思っています。私にとって書くことは息子の碑を建てることでありました。

間もなく八十三歳になり、いのちの果ての薄明かりがぼんやり見えている私ですが、亡き息子について言葉による建碑をしたことは慰めとなっています。

以上自分が書いたことの意味について細かく見てきました。しかし、文集に投稿していた頃はこのように微細に考え自覚して書いたわけではありません。ただ、心に湧き上がる悲しみ、胸に去来してやまない想念をひたすら書きつけただけでした。ただ単に、書くことで救われる、心が和らぐ、ほっとすると感じていました。表現が自分を救うのでした。

テーマから外れるかもしれませんが、最後に一つ付け加えたいと思います。最愛の者を亡くした人が、その事実や想念を口に出して言う、または文字に書くことは、それは「魂の叫び」だと思います。それゆえ、そういう表出に接するとき、次のようでありたいとずっと願ってきました。

アイルランドの詩人イェーツ（一八六五―一九三九）に詩があります。その一節……。

貧乏な僕がもっているのは夢ばかり
それを君の足元に敷いてあげた
そっと踏んで欲しい
僕の夢を踏むのだから

これを借りて言うならば、私はこう願ってきたと言えるでしょう。
わたしはあなたの足元に
わたしの書き物、想いをひろげます
そっと踏んでください
わたしの魂を踏むのですから

二〇二〇・十・二十五　記

都築の思考と情念の変遷を追いながら、西田幾多郎のことが思い浮かんだ。彼もまた子どもの死を経験している。著名な哲学者であり数多くの著作を発表しているが、西田の関心も常に形而上学にあり、倫理学にはなかった。人間とは何か、それは突き詰めれば、自分とは何か、ということであった。

西田幾多郎は「わが子の死」というエッセーのなかで、同じく子どもの死を体験したフョードル・ドストエフスキーやヨハン・ヴォルフガング・フォン・ゲーテについても触れている。彼は人情を離れて人の仕事はない、人情を離れては外に目的などない、とも書いている。

> 最後に、いかなる人も我子の死という如きことに対しては、種々の迷を起さぬものはなかろう。あれをしたらばよかった、これをしたらよかったなど、思うて返らぬ事ながら徒らなる後悔の念に心を悩ますのである。しかし何事も運命と諦めるより外はない。運命は外から働くばかりでなく内からも働く。我々の過失の背後には、不可思議の力が支配しているようである、後悔の念の起るのは自己の力を信じ過ぎるからである。
>
> （西田幾多郎「わが子の死」、上田閑照編『西田幾多郎随筆集』〔岩波文庫〕所収、岩波書店、一九九六年）

6　息子に向けた言葉の建碑

以前から都築の手記は、論旨が明快であり、宗教との邂逅に主眼を置いていた。「悟りを開いた人」の文章のようにも読み取られてしまいそうなのだが、体験者の人たちからはよく、宗教観とは別に共感を示す声が届けられる。底流にある「親としての情」に親たちの思いは向かう。一般的にいう男性的・論理的な展開の奥からこぼれ落ちるような思い、適切ではない表現かもしれないが、「ほころび」のようなところに見え隠れする情感に、父としての深い悲哀を見いだし、そこに共感しているようにも思う。

息子の死と向き合うなかで彼が書きためたノートや切り抜きなどの整理された記録を見せてもらった。そのなかから、現在の心情に重なるものとして示されたのは、娘に対する思いを表した母の歌であった。五島美代子（一八九八―一九七八）の短歌である。「胎動」を書いた歌人ともいわれ、美智子上皇后の和歌の指導者でもあった五島美代子は、娘の自死を経験した人であり、その経験を多くの歌に詠んだ。娘が生まれた頃のこと、初潮を迎えた頃、東京大学文学部に入学した頃などを、哀切極まりない短歌にしてその死を悼んだ。

子をうしなひて　一九五〇年一月二十六日ひとみ急逝

この向きにて　初《うひ》におかれしみどり児の日もかくのごと子は物言はざりし
花に埋もるる　子が死顔の冷たさを　一生たもちて生きなむ吾か
わが胎に　はぐくみし日の組織など　この骨片には残らざるべし
吾に来し　一つの生命まもりあへず　空《くう》にかへしぬ　許さるべしや
汝が霊とも　鬼ともなりて生きつがむ　吾に苛責の鞭ゆるめざれ
わが息と　共に呼吸《いき》する子と知らず　亡きを悼みて人の言ふかも
電撃の如く　われに来て過ぎ去りし　一つの生命　とはに思はむ
闘ひつかれし　心一つをもてあまし　娘《こ》は肉身の若さにあへぎき
子の遺影　かこめる花の白百合は　なまなまと生きて　この夜も匂ふ
ひとみいい子でせうと　ふと言ひし時　いい子とほめてやればよかりし
（五島美代子『新輯母の歌集』〔短歌新聞社文庫〕、短歌新聞社、一九九三年）

父である都築の文章の底流には「母性なるものへの憧憬」もあるのだろうか。

都築孝一は、息子に向けた言葉は建碑でもある、と語る。あの日から二十六年、この父も、息子とともに人生を歩んでいる。

第3章

「やり残した仕事(unfinished business)」

はじめに——亡き子に伝えたかったこと

われとなんじの関係を無限に延長すれば、われは永遠のなんじと出会う。
あらゆる個々のなんじは、永遠のなんじを垣間見せる窓といえよう。
こうした個々のなんじを通して、われは永遠のなんじによびかける。

ブーバー『孤独と愛——我と汝の問題』(野口啓祐訳、創文社、一九五六年)

1　生きる糧を求めて

心残りを託されて

「やり残した仕事」とは、英語では、unfinished business という死別の悲しみを理解するうえでの大切な概念の一つを指す言葉として使われている。日本語に置き換えてしまうと、単純に仕事の段取りのようにもとられてしまいかねないのだが、人の悲しみのなかには、「あのとき、ああしておけばよかった」「きちんと話を聞いておけばよかった」などの後悔の念が尾を引き、悲しみからの回復過程を困難にする、といわれている。取り戻せない時間に拘泥し、過去にだけ生きることしか考えられない。悲しみの不健康な症状といわれているなかに、「ミイラ化現象（mummification）」という概念がある。

アルフレッド・ヒッチコック監督、アンソニー・パーキンス主演の『サイコ』（一九六〇年）は、死んだ母親に異常に執着する息子の精神状況を描いたサイコサスペンスだったが、周辺のものなどもそのままに、過去の時間に暮らし続け、日本風にいうならば「お迎えがくる日」をひたすら待つために時間を過ごす。前に触れたナウエンの「死を待つ待合室」とは、そういうことも意味している。

死別直後は、自然な心的な反応ともいわれ、痛みを軽減することにもつながるが、それが数年、数十年続くことは、本人の苦しみを増すことにもなっている。

人は後悔の繰り返しのなかで、生きているのかもしれない。だからこそ、人を赦し、優しくなれるのかもと。

人と人との関係のなかで、相手の人が生きているのであれば、いつか、どこかでそのことを伝え、修復していくことも可能だが、私たち人間のいのちは無限ではなく、別れのときも、いつも突然に訪れる。

井上遥子は、二人の子どもを自死で失い、生き続けることとの和解の道を探っていた。そしてその道筋を、傍らにいた私にも常に伝え続けていた。井上は自分の生き方として、子どもたちへの贖罪を言葉にもしたいという願いをもっていたのだが、その願いは、彼女の死によって中途で絶たれてしまった。彼女にとっても無念だったと思う。そして、私の手元には、彼女から託された手紙、資料、言葉が残された。この章は、私にとっても遅くなってしまった井上との約束の一端を果たす一章になった。

二人の子どもの遺書

井上から託された二人の子どもの遺書が残されている。

麗子と拓史は、ともに二十三歳で、自らのいのちを閉じてしまった。手書きの文字からは、子どもたちの直前の息遣いが伝わってくるようだ。

一通は、正方形の硬い紙にオレンジ色のマジックペンで六行ほど。その下に名前が記されている。

病院と救急車の人へ

死にたいから
たすけないで下さい。
私をたすける方が
悪い事です。
やめて下さい。

井上麗子

麗子は以前にも自殺未遂をして、何度か緊急入院したことがある。母はそのたびに覚悟をし、娘の容体を見守った。これまではなんとか死の淵から生還してきていた。しかし、今回は、母の祈りもむなしく麗子のいのちを取り戻すことはできなかった。

そしてもう一通、拓史からのものは、ワープロに横書きで記したもので、二枚になっている。宛先は記されてはいないが、二通目には、手書きの文章が二行書き加えられている。一通目は医療者に宛てたもの、そして二通目は、母親に宛てたものに読み取れる。

①初めに断っておけば、これは事故でも他殺でも無く自殺です。発見時にまだ息があっても蘇生させないで下さい。延命措置も必要ありません。とにかく一刻も早く死なせてくれ。

検死で解剖が行われるかも知れませんが、死因がはっきりしている以上切り刻むのは控えめにして頂きたい。（意識がないとしても自分の体を切り刻まれるのは気持ちの良いものではない）

動機については色々な要因がある。でもいちいち説明すると見苦しくなりそうだし、面倒だから控える。一言でいえば厭世的になったんだ。

もし身元が判明しても遺体は行政で処理をするようお願いする。自分の周りには体も心も病んでいて、医者にかかり付けになっている人がいる。自殺の知らせに耐えられる状態ではない。もし知らせを送るなら死人が出ることを覚悟してくれ。繰り返すが遺体は行政で処理をするようにお願いする。

遺体は早く荼毘に伏していただきたい（監察医の研修や実験用に冷蔵庫行きにするのは勘弁してくれ）。

無縁仏共同墓地に葬られるそうですが、出きれば遺骨は納骨せずに、どこかきれいな海にまいて欲しい。最後のわがままを聞いてくれることを祈願します。

②もし自殺を発見した時、まだ息があるようなら早く死なせてください。蘇生も延命措置も必要ありません。脳死状態で生きながらえさせるような事は絶対にやめて下さい。とにかく一刻も早く死なせて下さい。

動機は生きてゆく気力がなくなったからです。原因は自分自身にあり、他の誰にも責任はありません。社会で生きてゆこうと何度か試みましたが、どうしてもうまくいかなかった。社会には自分の居場所がないような気がしてしまう。今は現実社会に恐怖すら感じます。カウンセリングをすすめてくれたことには感謝していますが、元気を取り戻して、社会とかかわっていく気にはなれない。自分でも今の状況をうまく説明できない。非科学的だが、「厄」みたいなものが取りついたような気がするのは馬鹿げているだろうか。

落ち込むことはありません。死ぬことができて幸せだから、今はただ謝ることしかできないが、どうか心情をわかってほしい。

人間、遅かれ早かれ死ぬんだ。

哀しむことはない。

井上から、わが子たちと同じ苦しさをもつ子どもたちがいたら、なんとかその苦しさを和らげる手助けがしたいからと、ともに二十三歳で逝ったわが子たちが残した遺書や書きつけなどを託されてから三年ほどが経過した。そして対照的な生き方をしたわが子への思い、母として、一人の人としての歩みについて、話を聞き、手紙や電話でのやりとりを進めていた。その矢先、間もなく一年になろうとしているが、井上は発病から十七カ月で、愛するわが子のもとに旅立ってしまった。本人の希望もあり、病院や転院先の施設でも聞き取りを重ねていたが、ホスピスへ移って間もなくの思いがけない早い死だった。彼女にとっても心残りだったのではないか。いまの社会のなかで苦しんでいる子どもたちの思いを受け止め、同時に、二人のわが子を自死で失うという現実を聞き書きして残すという作業が中途のまま、彼女の遺言のように私のもとに残った。

自らの死と死期を強く意識していたこともあり、最後のお別れの会の祭壇や流される音楽などは、すべて本人が準備したものだった。大学で園芸を専攻した井上らしい花の祭壇は大学時代の同級生によって用意され、参列者にはクリスマスローズの小さな鉢が配られた。傍らに置かれた文箱一つに子どもたちの思い出のすべてが納められ、最後に彼女の棺に納められてともに荼毘に付された。

近づく死を意識する前から身の回りを整理し、そのなかからより分けられた手紙や遺書が私の手元に残っていることになる。

絡み合った悲しみ(multiple grief)

井上は、二人の子どもを自死で失い、二十年以上の日々を一人で背負い、生きてきた。子どもたちの死の直後から、そのことも原因なのだろうが、近しい兄弟や親戚から向けられる言動も厳しいものが多く、身がすくむような思いだった。実際にあえて縁を切った親戚もいる。

肉親ばかりでなく、共有体験者のなかでも、自分の姿がほかの自死遺族の傷口を大きくしてしまうようで、そういう場に出ることもためらわれることがあるのだと話していた。子どもの自死を接点にした会のなかには、井上と同じように複数の子どもを失った人、自分自身が親を自死で失い自死遺児として生きてきた人、配偶者を自死で失った人もいる。そのことについて、集会の場で触れる人ばかりではないが、心情を、そのまま受け止めてもらうのは難しい。とくに子どもの場合は、一人の子どもを失うという現実体験以降、死亡原因を超えて、ほとんどの親たちが「のこされた子どもに同じことが起きるのではないか」という日常的な恐怖を抱えて生きている。井上のように「あってはならないこと」を体験した人の存在自体が重い。自分のなかにある恐怖心を思い起こさせるのかもしれない。考えすぎかもしれないが、相手の目のなかに恐れのようなものをみてしまう、と井上は言う。

悲しみに関する語彙が、繰り返すように日本語では直訳だけになってしまうのだが、「絡み合い、累積した悲しみ（multiple, cumulative grief）」というと、とくに短期間に複数の人との死別を体験したり、その原因が自死などであると、累積した悲しみがそれ以外の古い傷のようなものまでも再燃させてしまう。この言葉は、そうしたことをも指している。

それは井上自身にも当てはまることなのだろうが、その現実をも直視し、彼女は二人の子どもの死とともに、生き抜いた。

2　二人の子どもの自死

二十三歳の長女の死

井上との出会いは、一九九八年秋のことで、二十三歳の長女・麗子を自死で亡くした直後のことだった。

井上は当時五十四歳、娘の死の意味を見つけようとしていた。心の病に苦しむ娘の傍らで必死に支えてきたつもりだったのに、最愛の娘がいなくなってしまった。防ぐことはできなかったのか、自分の生き方に落ち度があったのではないのか。自分のことを責め続けていた。

娘の死の直後から、井上は過去をさかのぼり、娘と歩んだ日々ばかりでなく、自らの生い立ち、結婚生活の隅々まで記憶をたどりながら、「なぜこのようなことが起きたのか」を手繰っていた。「あのとき、ああしていなければ」「結婚をしていなければ、こんな苦しみを子どもに与えることにはならなかった」と自分の身をさいなむような日々を送っていた。

娘の麗子は、小学校に入学した頃から学校へ行くのをいやがるようになった。明るく、友達付き合いもいい子どもに起きた変化を、母は精神科医やカウンセラーを訪ね、「ひきこもりの親の会」などに参加してなんとか取り払うことができないのか相談を重ねていた。

中学三年のときに自殺未遂で入院し、その後も強制入院など入退院を繰り返すようになった。主治医からは、境界性人格障害、「ボーダーライン」である、と診断名を告げられた。

たしかに医師の説明にあるような、病気の特徴と思われる症状が思い当たった。しかし、いまとなっては手遅れだが、娘が発病した頃から、井上には、常に「死んでしまうのではないか」という恐怖があった。その不安を、主治医以外の誰にも話すことができず、相談もできなかったことが悔やまれるという。社会的にも、母親の育て方に焦点が当たり、マスコミが「母原病」という言葉を使い始めた頃でもあった。

同じような悩みをもつ体験者の会で、その不安を話そうとして注意を受けたこともある。「治ると信じてあげる。信じてあげなければ、そうならない。親が希望をもっていないことが問題なのだ」と、不安感を口にするのがはばかられるような雰囲気だった。死に至る可能性もあることに触れること自体がタブーになっているようであった。母親の過保護、過干渉がすべての原因といわれれば、そのことを受け入れる以外ないような感じだった。

一進一退はあるものの、麗子は大学に進学し、新しい友人やアルバイト先で出会った人たちとの楽しそうな話を聞かせてくれることもあった。当時はまだいまのように携帯電話で簡単に写真を撮れるような時代ではなかったが、いつもカメラを持ち歩き、自分の周囲の人たちの写真を撮りまくっていた。常に「友達に取り囲まれ、楽しそうにほほえむ麗子」は、死の直前まで、友人たちには何不自由のない明るい大学生に映っていたのかもしれない。

そんななかにあっても、麗子はよく「本当の私のことは、誰も知らない。お母さんにしか見せないから」と、苦しさを口にすることがあった。病気の特徴なのかもしれないが、母は、当時の娘のことを振り返る。

「とても人を思いやる心が強い子どもでした。ただ感情の起伏が激しく、自分の感情のコントロールが下手で、本人もそれが苦しそうだったのです」

母には甘えもあるのか時間制限付きの無理難題を突き付けてきたり、暴力を振るったりすることもあったという。麗子は大学に入ってから自宅近くのアパートで一人暮らしを始めていた。真夜中に突然、「十分後に来てほしい」と切羽詰まった声で電話が入ることもあった。母は、そのたびに、やっとつかまえたタクシーで娘のもとに駆けつけたが、約束の時間に遅れたといって激しい叱責を心身に向けられたこともある。そのようなことも、母には負担とは思えなかった。むしろ娘の苦しむ叫びに、できることにはすべて応じてあげたかった。運転などしたこともなかった井上が免許をとったのも娘のためだった。免許をとり、バイクを買った。バイクさえあれば、いつでもすぐに娘のそばに駆けつけることができると思ったからだ。

その日も、すぐに来るように連絡があった。

母がバイクで駆けつけたとき、鍵がかかっていて、なかに入ることができなかった。部屋の明かりがついているのに、返事はない。脇にあるトイレの空気取りの窓から体をよじるようにして室内に入った。散らかった室内に娘が倒れるように横たわり、その横にオレンジ色のマジックインクでボール紙に書きつけられた遺書が置いてあった。

すぐに病院に搬送されたが、脳死状態が十一日間続いた末に娘は帰らぬ人となった。

井上から連絡があったのは、葬儀から間もない頃だった。彼女が私に連絡をとろうとしたのは、娘の病床に付き添っているときに見た一冊の雑誌がきっかけだったという。娘が脳死状態で入院中、病院内の売店で目にした雑誌だった。表紙には、大きな文字で「人生の店じまいに――死の準備」(「AERA」一九九八年九月二十日号、朝日新聞社)と書かれている。そのなかに、「死を学ぶ術」という項があり、座談会の記事がある。四人の参加者のうちの一人である私の記事が心に残ったのだという。家族が生死の境にあるとき、「死」やそのことを連想させる言葉を避けたがる人が多いなか、井上はタイトルも特集全体も「死」に関する雑誌を、娘の傍らで読み進めていたというのだ。意外に思われる人も多いかもしれない。こういった行動もその人が、人間的に冷たいかのように誤解されることもある。しかし、悲しみがもつ要素として、よくあることでもある。会員のなかには、がん末期状態で入院中の娘が看護学生で、彼女の部屋にあった教科書のなかにあるやはり私の「死の看護」という一章を読み、「間もなくお世話になる可能性があるので」と問い合わせをし、その後入会された方もいる。anticipatory grief(先取りの悲嘆)といわれる、激しい痛みを想定して起こる心理的な反応で、井上の無意識の行動のなかには、娘との死別を予期しての悲しみがあふれている。その後、「ちいさな風の会」に入会したこともあって、以来二十年以上の付き合いになった。

入会当初、井上は集会や「自死の分科会」の宿泊での集会などにも熱心に参加していた。麗子の生き方や死を理解するには、「ボーダーライン」について知るのが入り口になるのではと、あらためて文献や当事者の手記のようなものを読み始めていた。周囲にもう少し「ボーダーライン」のことを知っている理解者がいたら、娘も少しは生きやすいところもあったのでは、とも話していた。

のこされた一人息子の死

麗子が亡くなってまだ一周忌にもならない夏の始まりの夕方遅く、井上から衝撃的な電話が入る。ほとんど悲鳴に近い声だった。

「とうとう独りぼっちになってしまいました」

息子の死を告げる内容で、葬儀が終わって戻ったところだという。

麗子の死後、のこされた一人息子の拓史と二人で生活を立て直しつつあると聞いていた。二人の父でもある夫とは、麗子が中学一年のときに離婚し、これまで一人で子どもたちを育ててきた。息子の拓史は、年子の姉を失い、表面的には変わらない日々を送りながらも、動揺しているようでもあり、カウンセリングを受けることも助言したが、彼は大丈夫だと言って首を横に振っていた。三人で暮らしているときも、長女が別居してからも、何かが起きるたびに娘のことを中心に家のなかのことは動いてきた。弟は物静かで、姉の入院や通院に母が付き添って留守にしても、不平も言わずに、留守番をしてくれていた。姉がもっていき場のない感情から、八つ当たりで、自分の机をひっくり返されてしまったようなときも、怒りをあらわにすることもなく、じっと見守っているような子どもだった。

その息子の突然の死だった。

拓史が残したワープロの遺書には、姉の死も意識したような文章が記されている。

二人とも自室で亡くなっていた。うずくまる姿を見つけ、二人の紐を切ったのは母だった。

姉のときは、まるで思いつきでもあるかのように、飲みかけのペットボトル、直前まで食べていたもの、着ていた服もそのまま、混沌とした部屋に麗子は倒れていた。なんの予兆もなく逝ってしまった弟は、姉とは対照的にいつ片づけたのか、自分の持ち物を処分し、きれいに整理整頓された部屋で、母に宛てた遺書の傍らに横たわっていた。

一年足らずの間に、二人の子どもの葬儀を出すことになった。娘の告別式の折、母として井上が娘のために必死で取り組んでいたことも知っているはずなのに、肉親から口をついて出たのは、井上を責めるような言葉だった。「母親のあなたの育て方が悪くて、麗子には、かわいそうなことをしてしまった」と言われた。たしかに娘の死の責任は自分にあると思っているが、わかってくれていると思っていた人からのその言葉には、立ち上がることもできないほどのショックを受けた。娘の死を知って駆けつけてきた元夫は、娘の遺体に抱きすがり、親戚に抱きかかえられるようにして引き離されるまで号泣していた。

家族として四人で暮らしていたとき、父親の言動がどれほど子ども心を傷つけていたかなどおかまいなしに、そしてそのことが離婚の一因だったことなど忘れたかのように「どうしてこんなことになってしまったのか」と彼もまた井上を責めるような口調で娘の死の原因を詰問した。

その日からわずか十カ月と数日ののちに起きた息子の死。井上は、今回は元夫には知らせなかったという。

井上からの電話を受け、私は彼女の自宅へと向かった。通された和室には、大きな祭壇が部屋いっぱいにしつらえられていた。手前にある一畳ほどのスペースに祭壇を見上げるようにして二人で座った。

右側には麗子の遺影。左側には拓史の遺影があり、間には、二人がかわいがっていたセキセイインコが、弟のあとを追うように死んでしまったということで、インコの亡きがらがそのまま置かれていた。そのときに何を話し、聞いたのか私の記憶には残っていない。しかし、外は夏の嵐で、雷鳴と大雨が爆音のように鳴り響いていた。狭い空間のなか、祭壇に置かれた生花に囲まれ、私がときに蒸し暑さを感じると、井上はエアコンのリモコンを押して、温度調節をし、寒すぎると感じ始めるタイミングでスイッチを切る、ということが何度となく繰り返されたように思う。言葉が交わされることがない空間で、それは絶妙のタイミングだった。

そのことと、井上が時折、膝に乗せて撫でていたセキセイインコの鮮やかな緑色が目に焼き付いている。

同じことがほかの子どもに起こる恐怖

井上は率直な性格で、集会の席上でも、自らの体験をあるがままに語っていた。だが、二人の子どもの死があってから、発言にも少し気をつけるようになったと話していた。先にも触れたような理由からなのだが、会には所属しているものの、集会から足が遠のいていった。

「残っていたもう一人の子どもも亡くし、本当に独りきりになった」と言うと、周囲にいた人のなかから、息をふっと止める気配を感じたというのだ。いわゆる「体験をしていない人」の驚きのような反応とは違い、体験者であるからこそ感じる恐怖のようなものが伝わったという。自死ばかりではないのだが、子どもを亡くした親たちは、このようなことが「ほかの子どもに起きてしまう恐怖」を抱えながら生きていることが多い。亡くなった子どもと同じような読書傾向があるだけで心配になったり、なんとか死んだ子どもの年を無事に超えてほしいと願ったりもする。事故であれ病気であれ、まさかと思うようなことが起きてしまい、これまでのように楽観的に物事をみられない、ということもあるのだろう。いま手元にいる子どもにも、再び同じことが起きるのではないか、という恐れが多かれ少なかれあるように思う。以前であれば、「そんなことが起きるはずがない」と一笑に付していられたことが、子どもの一人の死を体験したいまとなっては、心配や恐れとして、常に付きまとうのだ。

井上が経験したことに対して、その痛みの意味を体感しているだけに、哀れみというような一面的な感情だけではなく、自らの内なる恐怖を突き付けられてしまったかのような表情を浮かべる人もいるように感じるのだという。

この頃から、井上は同じ体験をした人のなかで自らの体験を話すことにかわり、社会問題に目を向け、同時に自分の生き方を内省し、なんとか生きていくきっかけを見いだすことにエネルギーを向け始めていた。こういう生き方の選択は、彼女を孤独に追いやるのではなく、むしろ、体験の有無を超えて彼女に共感してくれる友人や知人のつながりを築いていくことにも結び付いたように思う。

体験としては過酷で、人に理解されることも難しいかもしれない。だが、彼女は自らの晩年には、「麗子と拓史が、いい方向に導き、人との出会いも作ってくれているように思う。感謝している」

と、繰り返し語っていた。困ったときに必ず助けの手が差し伸べられるのは、二人のおかげなのだと。

自殺の手引書

二人の子どもは、それぞれが自分の部屋で亡くなり、その傍らには、同じ自殺の手引書のような本が置いてあった。一九九三年七月に出版されミリオンセラーになった、自殺の方法について書いた解説書である。著者は、「死ぬ気になれば生きられるという応援の本」として書いたということだが、死に至る方法が様々に詳しく記述されている本で、二人はそのなかで確実に死に至るとされた方法を選択していた。

井上は、二人が別々にその手引書を買い、死の手段についてはその本を参考にしたと考えている。

「健康な人であれば、読み物として読み流せるかもしれませんが、生と死の境界で苦しんでいる人たちの背中を押してしまうことはあると思います」

当時は近所の書店でも平積みになってこの本が売られていた。そういう書店を見つけると、井上はその本がもっている危険性を書店主に話し、店頭から下げてほしいと頼みにいっていた。同じ頃、自殺のマニュアルをテーマにした会が開かれると聞き、出席するという話もしていた。

場所が新宿の歌舞伎町にある店の一角で、時間も夜の八時にスタートするような企画と聞き、自死遺族として意見を言いたいということだったが、会の趣旨も不明確であり、一人の母として乗り込むのはあまりにも危ういと思い、そのときはもう一人の遺族と三人で夜の歌舞伎町に出かけたこともある。実際に行ってみると、参加者はほとんどが若者で、テレビ局の取材が入り、主催者は興味本位で自殺というテーマで人集めをしているようなものだった。その場にそぐわない年齢、真剣な表情の女性の姿は目立ったのか、参加の理由を事細かに聞きたそうだったが、早々に引き揚げた。

3　人との交わりのなかで

語り合える友の存在

共有体験といっても、あくまでも千差万別であり、死亡原因だけが人のつながりを生むわけではない。言葉や情報をいくら共有しても、その人を理解することにはつながらない。

表層的な言い方になるが、自死が原因だったとしても、もちろんその背景には疾患のこともあるのだろうが、突発的な別れをした人と、長年にわたる入退院を経ての別れとなった人とでは異なることは多く、それはほかの死亡原因にも当てはまる。悲しみそのものが、その人固有のものであるのと同時に、悲しみは、「様々な表情」で立ち現れる感情なのである。

わかりあえる安心感、信頼感を得られることは、共有体験者の会ならではのことではある。だが最終的には、個としての生き方を見いだし、歩み続けるのはその人にしかできないということを井上の生き方を通して感じる。

井上は、十代の頃から好きだった園芸の世界に安らぎを見いだしていく。高齢者施設にボランティアで草花の手入れを申し出たことがきっかけで、入居している人たちにフラワーアレンジメントを教えることになり、見知らぬ人たちの笑顔に出合っていく。大学で開講された社会人対象のボタニカルアートのクラスがきっかけで、講師とも心許して会話ができるようになり、そのことも彼女の救いにつながっていった。その後、作品を表現するためにパソコンの技術も磨き、完成度が高い作品も残している。「ちいさな風の会」を通じて出会った気が合う友とは、子どもを亡くした原因は異なるものの、お互いの子どもの墓参りに行ったり、音楽会や美術展に一緒に出かけるなど、本音で語り合える終生の友となっていく。子どもの死以降、途切れてしまった親戚との付き合いにかわり、彼女を理解し、語り合える友の存在が生まれていった。

井上の最後の病室には、その友が祈りを込めて描いたお地蔵さまの絵と人形作家が制作した少年と少女の人形の写真が飾られていた。麗子ちゃんと拓史ちゃんがいつも一緒にいてくれるようだと、その人形を眺めていた。「作品ももちろん好きですが、作品を通して感じる作家の優しさと思いやりに癒やされるのです」と繰り返していた。

母としての子どもへの関わりは、二十年以上も前に絶たれてしまった。自死の原因やその手段を解明することに時間を費やしていた頃、原因追求の矛先は別れた夫へ怒りとして向かうこともあった。しきりに子どもたちのもとに行きたいと話していたのだが、十年ほど前、大きな病を得て生死の境をさまよったあたりから、口をついて出るのは、自らへの怒りや他者への不満ではなく、子どもたちへの感謝の言葉に変わってきた。

「死んでいてもおかしくない状態だったのに、助かったのは子どもたちのおかげ」と、自らが生きることを容認する言葉を口にするようにもなった。病気が見つかったこと、主治医やスタッフとの出会いも、子どもたちが自分の生きる道を示し、いい方向に導いてくれているというのだ。彼女のスケッチを見せてもらったが、どこからか飛んできた二羽のメジロが窓越しにこちらを心配そうにのぞき込んでいる様子が描かれている。まるで麗子と拓史のようで、私が寂しくないように見守ってくれているようで心強かった、など、目の前の事象の多くが、亡き子との関わりのなかで語られていく。

最後の入院につながる死に至る可能性が高い病気が発見されたときも、井上は自分の事情を話し、病状のすべてを正直に自分に話してくれるよう頼んだという。その後、治癒の可能性が低くなり、死を前提とした話が出てくるようになった。主治医は「あなたのように、自分の死について率直に話す人は初めてだ」と驚いたというが、井上にとって死ぬことは恐怖とは感じられなかった。むしろ子どもたちがいる死後の世界と、いま自分が身を置く現世との境界そのものが曖昧なものに思えるとも話していた。

人との関わりのなかで過ごした最後の時間

私のもとには子どもたちの遺書、日記や制作した作品などのほか、参考にしてほしいと手渡された本、映画のプログラム、新聞のコピー、美術展のお知らせや絵葉書などが残されている。たくさんの手紙には、そのときの思いも記されていた。

二〇一〇年九月

お目にかかってゆっくりお話しできることを願っておりましたが、この暑さでは、どうしても外出する気になれず、ご連絡もせずに時間がたってしまいました。九月いっぱいこの暑さが続くようですので、さわやかな秋の風が吹く頃にお目にかかれれば、と思っております。

子どもたちが旅立ってから十年が過ぎ、自分の心と向き合うのを避けてきたように、慌ただしく日々を送っていたのですが、（本心は避けていたわけではないのですが）一昨年、病気になり、時間の流れがゆるやかになり、ふと、子どもたちを育てていた頃を思いだすことが多くなりました。これまでの十年間より深く考えるようになりました。人生の先輩として、母親として、大切なことを子どもたちにしっかり伝えてきたのだろうか……。そんな思いがシャボンの泡が広がっていくように、心の中を一面に覆い尽くすようで、息苦しいくらいです。

この思いをどのように受け止め、心の静けさを自分の中に作るのか、自分自身で解決していくしかないことは、十分わかってはいるのですが、私には重すぎて、抱えきれないと思うこともしばしばです。

ふと、これに似たような思いに襲われたときに、子どもたちは死を選んでしまったのではないかと……。でも残念なことに、その時の子どもたちの心は誰にもわからないし、知ることもできない領域なのです。想像することはできても、もう手の届かない思いなのです。

私に語ってほしかったし、手紙で思いをぶつけてほしかった、と願わずにはいられません。何度も私の思いを短い文章で、語りかけてはきたのですが、親子ゆえの難しさがあったのか、と。

本当は理解してほしいと思いながら、心配をかけたくない、という思いもあったのでしょう。私自身が世間知らずであったことを思い知らされています。素敵な人との出会いも教えてあげられなかったことも心残りです。

病後、再発もせず、二年が過ぎました。今年の春から回数は減らしましたが、施設でのボランティアを再開し、お年寄りの人たちと花を手に楽しい時間を過ごしています。

二〇一五年五月

お手紙を出したいと思いながら、行動が伴わない自分に出会うと少し寂しい気持ちになります。七十歳を過ぎたせいにしてはいけませんね。

十六年前の雷の鳴る日。

お忙しいにもかかわらず、我が家にいらしてくださり、帰り際に握手をして、温かなお気持ちを伝えてくださった日のことは、今も忘れることができません。その時、私がどんなお話しをしたのか覚えていませんが、大切な大切な時間でした。

その後も色々な場面でお話しさせていただくチャンスを与えられ、つらい時期を乗り切ることができたと感謝いたしております。

そんな思いでいるときでも、「子どもを育て上げる」といった言葉を目にしたり、耳にしたりするだけで、心の中で、重い石のような塊がうずき、拭い切れない自責の念にかられます。四十歳になったであろう二人の姿を思い描けないのです。時々見る夢の中では、幼い姿、二十代の頃の姿です。

いま私の最大の課題は、一人暮らしですので、最後の時をどのように迎えるかです。勉強し、その時を静かに迎えたいと思っていますが、だれも最後の時をどのように迎えるかはわからないです。


彼女の死は、思ったより早くに訪れた。

彼女にとって姪や甥にあたる世代の人たちが丁寧に式の準備を進めていた。

大学の同級生、「ちいさな風の会」で親しかった人たち数人も見送った。

目を引いたのは、彼女が当初、ついのすみかと考えていた施設の職員と思われる若い女性が参列し、涙を流しながら別れを惜しんでいる姿だった。血縁ではないかもしれないが、触れ合う人の心に存在の証しを残す。人との出会いを大切に生きた井上らしい最期のときだった。

一人親として二人の子どもを育て、そしてその子どもたちが二人ともに自分より先に逝ってしまった、という現実がどれほどのものであったのか。世間からの風当たりも強かったことだろう。息子が亡くなった日の夜、「とうとう独りぼっちになってしまいました」と言った井上の悲鳴のような声が頭をよぎる。

それから二十年。

子どもたちに伝えたかったことを反芻しながら、ひたすら前を向き、歩き続けていた。

「この世の中にはすてきな出来事や人がいることを子どもたちに伝えきれなかったこと」が悔やまれると話していた。井上にとっての晩年は、そんな本来は子どもたちに伝えたかったこと――様々な営みのなかに光や希望を見いだすことに費やされたように思う。

子どもたちへの贖罪だったのかもしれないが、生前、子どもたちと歩みたかった道をなぞり、自分の生き方のなかで実践し続けていた。そういった行為は、押し付けがましいものではなく、周囲の人には、彼女がもつ優しさとして映っていた。

彼女は、ことあるごとに、「麗子ちゃんと拓史君が私を守ってくれている。いろんないい出会いに引き合わせてくれる」と、わが子や周囲への感謝の言葉を口にしていた。子どもたちに照らされた道であることを信じながら、生ききることを心に誓っていた。

最後の時間は、人との関わりのなかに流れていた。

参考文献

死や自死をめぐる今日的な状況と研究について、主に以下の書籍を参考にした。

Robert Fulton, *Death and Dying: Challenge and Change*, Addison-Wesley Publishing Company, 1978.
Robert Fulton, *Legacy: The Belief in Immortality and the Logic of Culture*, American University & Colleges Press, 2011.
モーリス・パンゲ『自死の日本史』竹内信夫訳、筑摩書房、一九八六年
大村英昭／阪本俊生編著『新自殺論——自己イメージから自殺を読み解く社会学』青弓社、二〇二〇年
若林一美『自殺した子どもの親たち』青弓社、二〇〇三年

おわりに

本書は、わが子の死を体験した親たちのその後の生き方を中心にまとめているが、ここには、その方たちからの「同じような悲しみを背負いながら苦しんでいる人」へ、一人ではないことを知らせたい、という願いも込められている。

愛する人との死別からの道のりは大変孤独で、その人独自のものでしかない。そのプロセスは、その人自身の時間で歩むものであり、既成の時間経過に当てはめて進むようなものではない。grief work（喪の過程）に正解があるわけではなく、その人が見いだしたやり方で、その人に適した時間をかけて歩むしかない。

亡き子の存在によって結ばれた会

あらためて「ちいさな風の会」、そこで出会った人たちのことを思い浮かべると、会員の方たちの存在そのものが、既成の観念に縛られない「チャレンジャー」だった、と思う。そして悲しみだけを接点とする会の活動も日本社会のなかでは異端であったのかもしれない、とも。

「目的」「目標」も定めず会を作るなど、普通は考えられないことかもしれない。専門的な知識の伝達をする勉強会でもなく、話したいことを話し、耳を傾ける場でしかない。しかし、結果としてみると、そのことが、大きな意味をもっていたことに気づかされる。

三十年という時間の経過を振り返ると、悲しみをもつ本人の「思い」だけが存在し、誰もどんな形でも妨げることはなかった、ということになる。

悲しみがどれほどつらく、深いものであるかを自覚する人たちにとって、表面的な慰めが意味をもたないことをみなが知っていた。それ以上に、他者の悲しみに触れ、わが身が共振するなかで、言葉など出てこなかったというのも事実だろう。

集会は融通無碍、教科書もマニュアルもなく、苦しさを和らげる処方箋も示されないままにとどまる。言葉にするか否かとは別に、自分に向き合い、語るという行為そのものが、死や悲しみをみようともせず排除しようとする「世間」のなかで、なんとも勇気ある行動だと思う。会員のなかには、「この会は子どもの父母会で、自分が唯一正々堂々と参加できる会」という人もいるが、亡き子の存在という絆によって結ばれた会でもある。

マリアが語り遺したこと

「ちいさな風の会」が三十周年を迎えたとき、私の脳裏に浮かんだのは、イエス・キリストが死刑を宣告されてゴルゴタの丘を歩く「苦難の道（via dolorosa)」であった。苦しみと悲しみを亡き子への贖罪として、引き返すことができない道を進む親たちの姿が重なったのである。

自分でしか背負うことができない愛と悲しみを胸に、歩み続ける親たち。

「キリストの受難（passion）」は、神の子キリストとされるイエスの十字架上の死を指す言葉であり、バッハの「マタイ受難曲」も、「マタイの福音書」をベースに書き起こされている。

このときのことを、息子の死を悼む母の立場から書いた本がある。イエスの母であるマリアが一人の母としての思いを独白する形式をとる一冊の本は、人間的で、母としての思いの深さには「ちいさな風の会」の親たちの悲しみが重なる。

作者は、一九九〇年代から小説を書き、現在はアメリカの大学で教鞭を執っている。アイルランドで生まれ、カトリック信者として育った人だ。

マリアの息子はエルサレムに行き、帰ってこない。そしていつしか危険視されて、無残な死を遂げる。一人取り残された母は老い、自分の余命も長くないことを意識している。彼女のそばにはいつも二人の男がいて、息子が死んだときの物語を聞きたがる。二人がいくら「世界中の人々にとっての意義」を話しても、マリアは感情もあらわにして、理解しようとも、聞こうともしないことに、二人はいら立つ。息子の死を体験した母は、自分に何が起きたのかを、自分に確かめていく。そこには柔和な表情をした聖母マリアはいない。

私が真実を語るのは、真実が夜を昼にかえるよう期待するからではない。真実の力によって、昼が永遠にその美しさを保ち、老い先短いわたしたちにくれる慰めを永遠に保つようしむけるのが目的ではない。わたしが語るのは、わたしにはそれができるから。理由はそれだけだ。すでに起きたたくさんのできごとを語れる機会は、今だけかもしれないとおもっているから。

（コルム・トビーン『マリアが語り遺したこと』栩木伸明訳〔新潮クレスト・ブックス〕、新潮社、二〇一四年、一〇五―一〇六ページ）

私の心臓と肉を分けて息子の心臓と肉ができたことは重々承知していたから痛みだって感じた。その痛みは今日まで片時も消えたことはなく、墓のなかまでついてくるにちがいないと思っている。それらすべてがあってなお、痛みは息子のものでわたしのものではなかった。

（同書一〇二ページ）

この本の原題は、“The Testament of Mary”であり、訳者はマリアの「遺言」という意味合いから邦題を決めたと書いている。

新型コロナウイルスの感染拡大を受け、平凡な日常が永遠ではないことをいや応なく自覚した一年が過ぎようとしている。文集に投稿された文章も、いまの自分はいましかない、という意味では、遺言といってもいいのかもしれないと思う。

今回、筆をおくにあたり、二人の恩師のことが心に浮かぶ。

ミネソタ大学のロバート・フルトン教授は、生も死も人の営みとして、多角的な視野からの研究を指導してくださった。そして学部時代からの指導教授である室俊司立教大学教授は、社会教育が専門だったが、学生たちに現場や生活者の視点でものをみる大切さを常々話していた。二十代の初めから、三鷹、国立、小金井などで公民館活動に関わる人たちの活動に触れ、地域、つながり、生活、生きることを離れて人間の存在は意味をもたないことを先輩の生活者たちから、実感を伴って学んだように思う。二人の恩師に読んでいただけないことを残念に感じる。

青弓社の矢野恵二氏から、『自殺した子どもの親たち』の出版から十七年がたったこともあり、と続篇出版に関するお声をかけていただいたのは一年ほど前のことになります。「ちいさな風の会」の三十周年ということもあり、これまでの経過を見直すうえでも、大変貴重な機会と受け止めました。そして、取材の準備を始めたところ、ほとんどの方が好意的に受け止めてくださったのですが、実際に取材を始めようとした矢先に、外出自粛の事態になってしまいました。

長い中断を経て再開することができましたが、新型コロナウイルスを気にしながらの慣れない状況のなかで取材に協力してくださった方たちにはあらためてお礼を申し上げます。とくに、今回貴重な文章や思いを共有してくださった方たちに深謝します。また、こういう止まり木を継承するために心を合わせてきたこれまでの、そして現在の「ちいさな風の会」のみなさまにも、この場を借りて感謝の気持ちを伝えます。

また、全面的なご助言と協力をいただいた矢野恵二さんやスタッフの方たちのご助力も付記し、心からお礼を申し上げます。

二〇二〇年十二月十三日

［著者略歴］
若林一美（わかばやし かずみ）
1949年、東京都生まれ
元・立教女学院短期大学学長
デスタディーに早くから取り組み、子どもを亡くした親の「ちいさな風の会」世話人を務める
著書に『〈いのち〉のメッセージ――生きる場の教育学』（ナカニシヤ出版）、『自殺した子どもの親たち』（青弓社）、『「悲しみ」を超えて生きる』（講談社）、『穏やかに死ぬということ』（主婦の友社）、『死別の悲しみを超えて』（岩波書店）など

自死遺族《じしいぞく》として生《い》きる　悲しみの日々の証言

発行――2021年3月18日　第1刷
定価――2000円＋税
著者――若林一美
発行者――矢野恵二
発行所――株式会社青弓社
〒162-0801 東京都新宿区山吹町337
電話 03-3268-0381（代）
http://www.seikyusha.co.jp
印刷所――三松堂
製本所――三松堂

ISBN978-4-7872-3482-7　C0036